항공 핵심 역량 강화 시리즈(NCS)

객실 승무 관리

머리말

본 교재에서는 항공객실 직무역량강화 필수 능력단위 항목인

- 기내 안전관리
- 승객 탑승 전 준비
- 승객 탑승 및 이륙 전 서비스
- 비행 중 서비스
- 착륙 전 서비스
- 착륙 후 서비스
- 승객 하기 후 관리
- 응급환자 대처
- 항공기내방송 업무
- 고객만족 서비스를

예비 승무원인 학생들의 능력단위별로 분권하여 미래 예비 승무원들의 수준에 맞도록 튼실하고 짜임새 있게 저술하였으며 항공객실서비스를 학습하는데 능력단위별 주교재/부교재로 선택할 수 있게 하였고 유사분야로 사료되는 '승객 탑승 전 준비, 승객 탑승 및 이륙 전 서비스', '착륙 전 서비스, 착륙 후 서비스' 등 밀접하게 연관성 있는 능력단위를 합본하여 학생들로 하여금 체계적인 선수 및 후수 학습을 가능하게 하였다.

 따라서 본 교재의 특징인 최신사진과 객실승무경력 32년 저자의 경험을 담은 글을 함께 학습하면 항공객실서비스 분야에서 원하는 모든 항공지식을 습득·함양할 수 있으며 예비 승무원들이 원하는 항공사에 입사 후, 재교육의 필요 없이 객실승무비행에 임할 수 있는 자격과 지식을 갖추게 될 것이라 자신하고 싶고 항공객실서비스에 대해 재교육을 받을 시에는 본 교재의 선학습 효과로 인해 어느 훈련생보다도 상당히 우수한 성적으로 수료하지 않을까 확신한다. 이는 곧 국가와 항공회사의 신입승무원 재교육이라는 큰 부담을 덜어주는 촉매제 역할을 하게 될 것이며, 아울러 개인·항공회사·국가의 경쟁력 강화로 이어지지 않을까 생각한다.

2020년
저자 씀

능력단위 소개 '객실 승무 관리'

능력단위 명칭 : 객실 승무 관리
능력단위 정의 : 객실 승무 관리란 객실승무원별 근무 배정, 운항 · 객실 간 정보 공유, 불만 승객 대처, 출 · 도착 서류 작성 · 관리, 객실서비스 관리를 수행하는 능력이다.

능력단위 요소	수행 준거
객실승무원별 근무 배정하기	1.1 객실 서비스 및 객실 안전 규정에 따라 객실승무원에게 업무를 할당할 수 있다. 1.2 효율적 서비스를 위해, 노선 특성에 따라 객실승무원별 업무 배정을 조정할 수 있다. 1.3 효율적 서비스를 위해, 객실승무원의 역량을 고려하여 업무 배정을 조정할 수 있다.

	【지식】 • 근무 편성 매뉴얼 이해
	    • 노선 특성 이해
	    • 고객 특성 이해
	    • 노선별 서비스 절차 이해
	    • 승무원이 기내에서 수행해야 할 업무에 대한 지식
	    • 업무 배정 지식

	【기술】 • 승무원 역량 파악 기술
	【태도】 • 공정한 업무 태도
운항 · 객실 간 정보 공유하기	2.1 객실 서비스 및 객실 안전 규정에 따라 객실 상황을 판단하여, 상급자에게 신속하게 보고할 수 있다. 2.2 객실 서비스 및 객실 안전 규정에 따라 운항 정보를 공유할 수 있다. 2.3 객실 서비스 및 객실 안전 규정에 따라 승객 정보를 공유할 수 있다.
항공기 이 · 착륙 전 안전 · 보안 관리하기	【지식】 • 객실 서비스 규정 이해 • 객실 안전 규정 이해

	【기술】 • 상황판단 기술
	    • 의사소통 기술
	    • 인터폰 사용 기술

	【태도】 • 신속 · 간결 · 명료한 태도

불만 승객 대처하기	3.1 객실 서비스 및 객실 안전 규정에 따라 불만 상황에 대한 원인을 파악할 수 있다. 3.2 객실 서비스 및 객실 안전 규정에 따라 경청한 후 불만에 대한 해결 방안을 모색할 수 있다. 3.3 객실 서비스 및 객실 안전 규정에 따라 해결 방안에 대한 구체적인 행동을 보여줄 수 있다. 3.4 객실 서비스 및 객실 안전 규정에 따라 해당 승객에 대한 만족도를 재확인할 수 있다.
	【지식】 • 객실 서비스 및 객실 안전 규정 이해 • 불만 대처 상황에 대한 지식
	【기술】 • 소통능력 • 고객응대 기술
	【태도】 • 정중한 태도 • 신속한 태도 • 경청하려는 노력
출·도착 서류 작성·관리하기	4.1 객실 서비스 및 객실 안전 규정에 따라 항공기 출발에 필요한 각종 서류를 수량, 종류 등을 점검할 수 있다. 4.2 객실 서비스 및 객실 안전 규정에 따라 도착지 국가별 요구사항에 따라 입국에 필요한 서류를 요청할 수 있다. 4.3 비행 중, 발생한 기내 안전 및 서비스 설비에 대한 특이사항을 기록할 수 있다. 4.4 항공기 도착 전, 지상직원에게 인계해 줄 서류의 이상 유무를 점검할 수 있다. 4.5 항공기 도착시, 지상직원에게 객실 운항 관련 서류를 인계할 수 있다.
	【지식】 • 객실 서비스 규정에 대한 이해 • 노선별 특성에 대한 이해 • 노선별 서비스 절차에 대한 이해 • 노선별 출입국 서류와 항공기 출도착 서류 이해
	【기술】 • 객실 서비스 규정집 활용 기술 • 서류작성시 요약 기술
	【태도】 • 정리하는 태도 • 정확한 태도 • 주의깊은 태도

객실 서비스 관리하기	5.1 승무원 근무 규정에 따라 스페셜 식사는 객실사무장이 직접 제공하면서 오전달이나 누락이 발생하지 않도록 재확인할 수 있다. 5.2 객실 서비스 규정에 따라 비행 중 기내 질서 유지 및 쾌적한 휴식환경 조성을 위해 단체승객에 의한 소란, 소음 등을 항시 점검할 수 있다. 5.3 객실 서비스 규정에 의해 화장실 청결 상태를 확인하며 비행 중에 발생할 수 있는 안전과 환자 발생에 대한 안전사항을 점검할 수 있다. 5.4 승무원 근무 규정에 따라 기내 소음에 대한 관리를 할 수 있다. 5.5 조리실(Galley) 내에서 작업시, 통로(Aisle)을 걸어 다닐 때, 승무원들 간의 대화, 컴파트먼트(compartment), 카트(Cart), 캐리어박스(carrier box) 등의 문을 열고 닫을 때, 객실 수화물 선반(Overhead Bin)의 손잡이를 열고 닫을 때 등 승무원을 관리 감독할 수 있다.

	【지식】 • 승무원 근무절차 이해
	      • 항공사 조직의 이해와 운영범위 이해
	      • 고객만족과 서비스 이해

	【지식】 • 상황별 고객응대 기술
	      • 승객의 요구 파악 기술
	      • 기내 클레임 예방 및 대처 기술
	      • 객실 서비스에 대한 전문적인 수행 능력

	【지식】 • 긍정적인 마인드 유지
	      • 직원 간의 원활한 소통 태도 겸비 노력
	      • 관련 규정사항 준수
	      • 리더로서의 관리 태도

CONTENTS

CONTENTS

객실 승무 관리

능력 단위 정의

객실승무 관리란 객실 승무원별 근무 배정, 운항, 객실간 정보공유, 불만 승객대처, 출도착 서류 작성, 관리, 객실서비스 관리를 수행하는 능력이다.

학습 목표

객실 승무원별 근무 배정, 운항·객실 간의 정보 공유, 불만 대처, 출발·도착 서류 작성 관리, 객실 서비스 관리를 통하여 객실 승무 관리를 수행할 수 있다.

선수 학습

기내 일상 안전 관리, 승객 탑승 전 준비, 승객 탑승 및 이륙 전 서비스, 비행 중 서비스, 착륙 전 서비스, 착륙 후 서비스, 승객 하기 후 관리, 응급 환자 대처

핵심 용어

객실 승무원, 업무 교범, 비행 근무, 노선, 객실 상황, 운항 정보, 승객 불만, 출발 서류, 항공기설비, 운항 관련 서류, 특별식

객실승무원별
근무
배정하기

객실승무원별
근무
배정하기

- 객실 서비스 및 객실 안전 규정에 따라 객실승무원에게 업무를 할당할 수 있다.
- 효율적 서비스를 위해, 노선 특성에 따라 객실승무원별 업무 배정을 조정할 수 있다.
- 효율적 서비스를 위해, 객실승무원의 역량을 고려하여 업무 배정을 조정할 수 있다.

 ## 01 객실승무원 정의 및 자격

객실승무원이란 항공기에 탑승하여 항공기 안전운항과 승객의 안전을 위해 객실 내 업무를 수행하며 비상탈출시 안전하고 신속하게 비상탈출 업무를 수행하는 자를 말한다.(항공법 제1장 제2조 제5항)

따라서 항공기 객실승무원은 비행 중 객실업무 수행을 위한 훈련과정을 이수하고 평가에 합격한 자이어야 하며 직급과 근무연한에 따라 필요한 교육과정 및 보수교육을 이수한 자이어야 한다.

또한 항공기 안전운항을 위해 객실 비상사태나 응급환자 발생시 필요한 조치를 취할 수 있는 지식과 능력을 겸비해야 하며, 이를 학습하고 유지하기 위해 소정의 교육훈련(신입안전훈련,기종전문훈련,정기안전훈련)을 이수하고 최종절차에 합격한 자이어야 한다.

객실승무원의 신체건강 조건

객실승무원은 항공기 객실업무에 적합한 신체 및 건강조건을 유지해야 하며 그 조건에 미비되거나 부족할 경우 승무원의 자격이 일시 정지되거나 말소될 수 있다. 따라서 근무에 적합한 신체건강 상태를 항상 유지할 수 있도록 노력해야 한다. 또한 승객이나 타인에게 혐오감을 줄 수 있는 신체의 외적 손상이 있을 경우 완전한 회복시까지 그 자격이 일시 정지된다.

 객실승무원 직급

객실승무원의 직급은 총 7단계로 구성되어 있으며, 항공업무의 특징을 감안하여 각 직급의 호칭은 별도 제정한다.

✈ KE

직급	구분	승급기간
상무대우 수석사무장 VP	상무대우-Vice President Purser	NONE
수석사무장 CP	1급 Chief Purser	NONE
선임사무장 SP	2급 Senior Purser	4년
사무장 PS	3급 Purser	4년
부사무장 AP	4급 Assistant Purser	3년
남·여 승무원 SD/SS	5급 STWD/STWS	3년
여승무원 SS	6급 인턴 여승무원	2년

✈ OZ

직급	구분	승급기간
캐빈 서비스 담당임원	임원	23년차 이상
수석매니저	Chief Purser	18년차 이상
선임매니저	Sr Purser	13~17년차
캐빈매니저	Purser	8~12년차
부사무장	Assistant Purser	4~7년차
퍼스트 선임여승무원	Fs Sr STWS	6~7년차
비즈니스 선임여승무원	Bs Sr STWS	4~5년차
시니어 여승무원	Sr STWS	2~3년차
주니어 여승무원	Jr STWS	1년차
수습 여승무원	Intern STWS	1년

> ### 노선별 객실승무원의 직책구성
> - International Flight : 객실사무장, 부사무장, 일반승무원, 현지승무원
> - Domestic Flight : 객실사무장, 일반승무원

04 객실승무원의 직책별 임무

객실승무원 임무는 승객의 안전성 확보 및 쾌적성 유지이고 승객에게 최상의 서비스가 제공될 수 있도록 만전을 기해야 하며, 항공기 안전운항을 위해서 운항승무원과 협조하여 비행 중의 승객안전과 비상시 비상탈출에 관여된 업무를 수행하여야 한다.

☑ 일반승무원 직책별 업무(인턴~대리급)

국내 각 항공사 객실승무원 업무교범 및 서비스교범에 명시된 객실승무원 표준업무 사항을 수행한다. 일반승무원은 상위클래스 및 일반석 서비스와 안전을 담당한다.

☑ 객실부사무장 직책별 업무(대리~과장급)

일반승무원과 거의 비슷한 업무를 수행하나 비행 전/중/후 객실사무장/캐빈매니저를 보좌하고 비행 중 객실사무장/캐빈매니저의 임무 수행이 불가능한 경우에는 업무를 대신할 수 있다. 상위클래스 및 일반석 서비스 업무를 관장한다.

☑ 객실사무장 직책별 업무(차장~상무급)

각 항공사별로 객실승무원의 근무연한과 사무장/캐빈매니저의 훈련을 통해 지정된 인원으로 함께 비행하는 승무원의 업무를 공평하게 배정하고 매 비행시 객실브리핑을 주관하며 객실 서비스와 안전을 총괄하는 승무원을 말한다. 항공기 내 팀을 지휘하고 훈련 및 평가하는 업무를 관장한다.

05 객실 근무 용어

❶ 근무(DUTY) : 항공사가 객실승무원에게 수행하도록 부여한 업무를 말하며 휴게 또는 휴식 시간을 뺀 비행근무, 편승근무, 지상근무, 대기 및 교육시간을 말한다.

❷ 비행시간(BLOCK TIME) : 객실승무원이 비행임무를 수행하기 위하여 항공기가 PUSH BACK하기 위해 움직인 시간부터 비행이 종료되어 엔진을 끈 시간까지를 말한다. (일반적으로 비행시간은 조종실의 Parking Break를 푼 순간부터 엔진을 끈 시간까지 이며, KE의 경우 객실승무원의 최대 비행시간은 1개월에 120시간, 3개월에 350시간, 1년에 1,200시간으로 제한되어 있다)

❸ 비행 근무시간(FLIGHT DUTY) : 객실승무원이 비행업무를 수행하기 위해 회사에 도착한 시간부터 비행이 종료된 시간까지를 말한다.

❹ 편승(EXTRA or DEAD HEAD) : 승무원이 연속된 다음 비행근무를 하기 위해 공항과 공항 사이를 승객복장으로 비행기에 탑승하여 이동하는 것을 말한다.

❺ 대기(STAND BY) : 비행하기로 할당되어 있는 승무원이 갑작스런 병가나 부고등 개인적인 사유나 천재지변으로 인해 비행근무를 하지 못할 때 이를 충원하기 위한 대기 승무원을 말하며, 공항대기와 자택대기로 구분된다.

06 객실승무원의 업무배정(Duty Assignment)

객실승무원 근무인원은 각 항공사별 업무규정에 따라야 하며 효과적인 서비스 업무 수행, 클래스별 서비스 수준 유지 및 비행안전을 고려하여 배정하게 된다. 노선별, 기종별 탑승인원 및 기준은 항공사별로 약간의 차이가 있다. 대한항공의 경우 매년 7월 1일부로 새로운 팀이 구성되며 한 번 구성된 팀은 다음해 6월 30일까지 만 1년 동안 함께 비행하게 된다. 따라서 매 비행시마다 중복된 업무가 배정되지 않도록 비행근무 기록을 유지하며 팀원 개인의 특성을 고려

최선의 근무가 배정될 수 있도록 노력해야 한다.

1. **국내선 근무배정**(Domestic flight duty assignment) : 비행시간이 짧고 내국인 탑승률이 상당히 높으며 서비스 절차가 간소하여 객실사무장/캐빈매니저는 방송자격, 경력을 고려하여 근무배정한다.

2. **국제선 근무배정**(Internation flight duty assignment) : 국제선은 비행시간을 기준으로 단거리, 중거리, 장거리 비행으로 구분되어질 수 있으며 출발 시간대에 따라 주간비행과 야간비행으로 나누어진다. 또한 식사, 음료 서비스를 제공하며 국가별 해당 국가 언어를 구사할 수 있는 현지 객실승무원도 탑승한다.

현지 여승무원(Regional stewardess)이란?

국가별 취항지에 거주하는 현지에서 여승무원을 채용하여 비행 전/중/후 객실에서 통역 및 기내서비스를 담당하는 객실승무원을 말하며, 채용은 취항지 지점에서 면접을 통하여 채용한다. 계약기간 동안 비행 근무하며 채용기준은 모기지 여승무원과 동일하고 승급 역시 국내 여승무원과 특별한 차이는 두지 않고 있다. 급여는 현지물가를 기준으로 하여 제공하며 서울이나 해외에 체류시 출장비(Perdium) 역시 모기지 여승무원과 동일하다.

대표적인 현지 여승무원 채용국가는 중국/일본/태국/인도네시아/싱가포르/러시아에서 채용하여 비행 근무하게 하며 항공사별 전담 그룹을 만들어 근무평가 및 승급을 관리하고 있다.

항공사별로 약간의 차이가 있지만, KE에서는 줄임말로 R/S(Regional stewardess)라고 부르기도 한다.

중국 현지 여승무원 모습

국제선은 노선별로 한일/한중/동남아/북미/남미/유럽/대양주 노선으로 구
분될 수 있다. 따라서 객실사무장/캐빈매니저는 해당 비행에 배정된 일반승

무원 중 방송자격,
상위클래스 근무
경력, 기내 판매 경
력, 갤리담당 경력,
해당 노선의 특징
등을 사전에 파악
하여 최선의 근무
형태가 될 수 있도
록 공정하게 근무
배정을 실시한다.

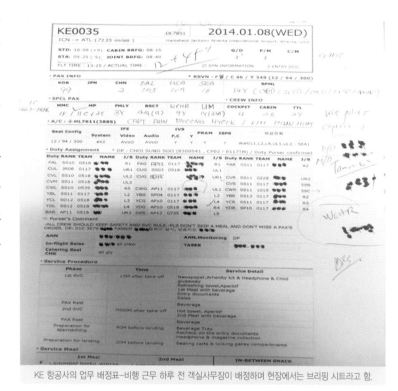

KE 항공사의 업무 배정표-비행 근무 하루 전 객실사무장이 배정하며 현장에서는 브리핑 시트라고 함.

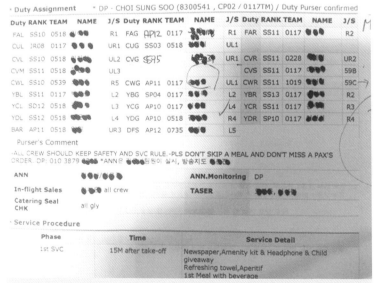

KE 항공사의 업무 배정표 확대 모습-개인정보 위해 성명 지움을 양해 바람. JR은 말레이시아 현지 승무원.
F-일등석, U/C-어퍼덱 2층 비즈니스, Y-일반석, BAR-칵테일 바 담당

❸ 항공노선별 승무원 배정방법

- **국내선 : 소형, 중형기, 대형기(B747-400) 투입**

  국내선의 특징은 비행시간이 매우 짧고 주로 내국인 승객으로 구성되어 있으며 기내서비스가 국제선에 비해 단촐하고 고객불만이 국제선에 비해 적으므로 객실승무원은 필수인원만 탑승한다. 따라서 일반적으로 객실사무장/캐빈매니저 듀티를 제외한 인원은 비교적 경력이 짧고 안전 및 기내서비스 기초과정를 이수한 승무원을 배정하여 탑승근무 하게 한다. 객실사무장/캐빈매니저는 항공기 앞쪽에 위치하므로 될 수 있으면 할당된 인원 중 제일 시니어 승무원을 항공기 뒤쪽에 배정하고 신입승무원을 앞쪽에 할당하여 기내업무시 균형을 이룰 수 있도록 한다.

- **한일노선 : 소형기/중형기 투입**

  내국인 승객과 일본 승객이 많이 탑승한다. 비행시간이 매우 짧지만 매사에 서두르지 않는 일본 승객의 특성상 짧은 시간 내에 기내 식음료의 제공 및 정리를 할 수 있는 노련한 승무원이 필요하며, 일본어 방송 가능 승무원의 탑승이 요구된다. 실제로 항공사에서 한일노선에 경력이 풍부한 승무원을 투입하고 있다.

- **한중노선 : 소형기/중형기 투입**

  비행시간이 비교적 짧고 내국인 승객과 중국동포 및 승객이 주로 탑승한다. 기내 면세품 판매가 많이 이루어지고 신속한 서비스를 선호하는 중국 승객의 특성상 멀티태스킹이 가능하고 동작이 민첩하며 중국어 소통이 가능한 승무원의 탑승이 요구된다. 한중노선에는 중국인 현지승무원이 탑승하게 되어 방송과 서비스를 담당한다.

- **동남아노선 : 소형기/중형기 투입**

  내국인 단체승객 위주로 형성되며 대양주, 미주에서 거주하고 있는 동남아 승객이 상당부분을 차지한다. 비행시간도 서비스하기에 무리가 없고 승객의 구성상 기내제공 서비스에 만족하는 승객이 많아 비행경력이 많지 않더라도 교육차원에서 신입승무원을 투입하기에 적당한 노선이다. 인도네시아, 필리핀, 태국 노선에는 현지승무원이 탑승하게 되어 서비스와 방송을 담당하고 있다.

● **북미노선 : 중형기/대형기 투입**

모든 항공사 간 경쟁이 치열한 전략노선으로 알려져 있으며 탑승하는 승객도 항공여행의 경력이 많은 내국인/미국거주 동남아승객 위주이고 기내 안전 및 기내 서비스에 관해 정통한 승객이 많고 적은 불편이라도 불만사항으로 확대할 가능성이 많아 모든 기내 업무에 섬세하며 정확한 서비스를 제공할 수 있는 경력 승무원을 많이 배치해야 하는 노선이다.

● **남미노선 : 중형기 투입**

국내 항공사 중에서는 유일하게 대한항공이 브라질 상파울루를 취항하고 있다. 대부분의 승객이 브라질 승객이고 브라질에 거주하는 내국인과 일본인으로 구성되어 있다. 매우 낙천적이고 긍정적인 성격의 승객이 다수인지라 좋은 표정과 상냥한 마음을 가진 경력/신입 승무원으로 구성되어야 한다. 남미 노선은 현지승무원이 탑승하지 않으므로 포르투갈어를 구사할 줄 아는 승무원이 우선적으로 투입되는 노선이다.

● **유럽노선 : 중형기/대형기 투입**

내국인 중 출장업무와 품격 있는 여행을 원하는 가족/단체로 구성되는 여행객 위주의 승객이 탑승하며 비교적 여유 있고 우아함을 즐겨 보기 위해 고급 (Full Service Carrier)항공사를 선택하는 경향이 뚜렷하다. 따라서 객실승무원 중 서비스에 정통하고 업무지식이 풍부하며 태도, 자세가 우수한 승무원 위주로 배정하는 것이 요구된다. 유럽노선 중 유일하게 현지승무원이 탑승하는 노선은 러시아 노선이다.

● **대양주노선 : 중형기/대형기 투입**

탑승객의 구성은 일본인/현지인/유럽인/한국인 순으로 비중을 차지하며 대부분의 승객이 비즈니스보다는 휴양과 관광을 목적으로 하는 경향이 있다. 따라서 특별히 배정해야 하는 승무원은 고려하지 않으나 대부분의 대양주 국가가 검역과 출입국 업무를 매우 중요시하고 절차 및 규정준수를 철저히 요구하는 경향이 있어 해당국의 출입국 업무에 정통한 승무원이 요구된다.

07 KE 항공사 A380 항공기 객실승무원 DUTY CODE의 이해

비행 중 저자 모습

- DP : DUTY PURSER의 약자로 객실사무장/캐빈매니저를 뜻함
- FAL : 일등석 왼쪽 복도부분 승객 및 서비스 담당
- FAG : 일등석 갤리에서 서비스 준비 담당
- FAR : 일등석 오른쪽 복도부분 승객 및 서비스 담당

KE A380 일등석 전경

F : First class
L : left, 왼편 복도측
R : Right, 오른편 복도측
A : A zone

- CUL : 2층 비즈니스석 전방 왼쪽 복도부분 승객 및 서비스 담당
- CUG : 2층 비즈니스석 갤리에서 서비스 준비 담당
- CUR : 2층 비즈니스석 전방 오른쪽 복도부분 승객 및 서비스 담당

C : 비즈니스클래스
L : left, 왼편 복도측
R : Right, 오른편 복도측
G : Galley, 주방
U : Upper deck 이층
V : V zone
W : W zone

- CVL : 2층 비즈니스석 중앙 왼쪽 복도부분 승객 및 서비스 담당
- CVG : 2층 비즈니스석 중앙 갤리에서 서비스 준비 담당
- CVR : 2층 비즈니스석 중앙 오른쪽 복도부분 승객 및 서비스 담당
- CWL : 2층 비즈니스석 후방 왼쪽 복도부분 승객 및 서비스 담당

- CWG : 2층 비즈니스석 후방 갤리에서 서비스 준비 담당
- CWR : 2층 비즈니스석 후방 오른쪽 복도부분 승객 및 서비스 담당
- YBL : 1층 일반석 B구역 왼쪽 복도부분 승객 및 서비스 담당(신입승무원)
- YBG : 1층 일반석 B구역 갤리에서 서비스 준비 담당
- YBR : 1층 일반석 B구역 오른쪽 복도부분 승객 및 서비스 담당
- YCL : 1층 일반석 C구역 왼쪽 복도부분 승객 및 서비스 담당
- YCG : 1층 일반석 C구역 갤리에서 서비스 준비 담당
- YCR : 1층 일반석 C구역 오른쪽 복도부분 승객 및 서비스 담당
- YDL : 1층 일반석 D구역 왼쪽 복도부분 승객 및 서비스 담당
- YDG : 1층 일반석 D구역 갤리에서 서비스 준비 담당
- YDR : 1층 일반석 D구역 오른쪽 복도부분 승객 및 서비스 담당
- BAR : 2층 BAR 담당 승무원(서비스에 가담하지 않는다)
- DFS : 항공기 최후방 기내 전시/판매장에서 근무하는 승무원
- ANN : 해당편 방송담당 승무원

KE A380 비즈니스 클래스 전경

KE A380 일반석 전경

- Y : Y/class, 일반석
- L : left, 왼편 복도측
- R : Right, 오른편 복도측
- G : Galley, 주방
- B/C/D : B, C, D zone

KE A380 방송용 핸드셋

KE A380 기내 후방 면세품 전시장

KE A380 비즈니스 클래스 BAR

- BAR : 무인, 유인 바를 의미
- DFS : Duty free sales, 면세품판매
- ANN : Announcement, 방송

● ANN MONITORING : 기내 방송시 소리
   의 적당함을 검사하는 승무원

준비된 기내 면세품 판매 카트

● IN FLIGHT SALES : 해당편 기내 판매를 담당하는
   승무원

● TASER : 테이저 수령/운반/보관을 담당하는
   승무원

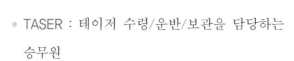

항공기 탑재 테이저

● CATERING SEAL CHK : 비행 전 기내식 봉인상태 점검하는 승무원

기용품 봉인에 사용하는 SEAL

　객실승무원은 월 1회 배포되는 다음 달 스케줄에 대해 많은 관심을 갖고 상당히 민감하지만 익일 비행하게 될 기내 업무배정 또한 많은 관심을 기울이지 않을 수 없다. 그 이유는 같은 비행기에서 동일한 안전/서비스 업무를 하더라도 클래스별 승객 많고 적음/함께 기내업무 하는 선/후배 간의 업무협조 방식에 따라 근무여건이 상당히 달라질 수 있으므로 개인적인 친분관계를 떠나 업무배분에 상당한 공정성이 요구되는 부분이라고 생각한다.

　따라서 회사의 승무원 스케줄 편조업무가 완료된 후 객실사무장/캐빈매니저는 이번 비행에 배정된 승무원의 근무경력, 업무숙련도 개인의 장단점을 고려하여 기내 업무배정을 실시하여야 하며 편중된 업무배정보다는 승무원 간의 적절한 업무순환이 이루어지도록 해야 한다.

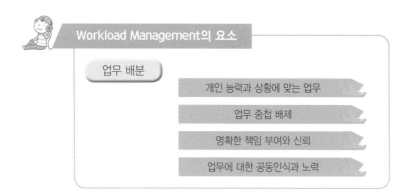

Workload Management의 요소

업무 배분

- 개인 능력과 상황에 맞는 업무
- 업무 중첩 배제
- 명확한 책임 부여와 신뢰
- 업무에 대한 공동인식과 노력

따라서 아래와 같은 업무배정의 원칙을 준수하는 것이 필요하다.

❶ 기내 방송은 방송 자격자 우선으로 하되, 방송 자격자가 많을 경우 선임여 승무원 순으로 정한다.

❷ 상위클래스 승객이 적은 경우 기내 서비스에 필요한 인원만 배정하고, 여유인원은 일반석에서 근무하도록 한다.

❸ 현지 여승무원의 업무할당은 국내 승무원과 동일하게 편견을 가지지 않고 할당한다.

❹ 일단 배정된 승무원은 할당된 기내 업무에 책임의식을 느끼고 수행해야 하며 상급자의 허락 없이 자신의 기내 업무를 다른 승무원이나 주니어 승무원에게 맡기거나 변경할 수 없다.

❺ 객실사무장/캐빈매니저는 요구되는 업무역량을 충족하지 못하는 승무원이 발생할 경우 해당 승무원에게 시정을 할 수 있도록 지원한다.

❻ 객실사무장/캐빈매니저는 동승한 전체 승무원이 고른 기내 업무역량 및 좋은 성과를 거둘 수 있도록 업무를 배정하고 관리한다.

08 객실승무원 근무 할당표(월단위 스케줄)

매월 21일(KE의 경우) 공지되는 개인별 비행근무 할당표(월간 개인 비행스케줄)는 모든 승무원의 초미의 관심사이기도 하다. 왜냐하면 할당되는 개인별 비행에 따라

근무의 강도 및 개인 선호 스케줄이 서로 다르기 때문이다. 스케줄 공시 후 승무원 개인끼리 서로 비행을 교환하는 경우(스케줄 SWAP이라고 함)도 있지만 항공사 사정상 잘 지켜지지 않는 경우가 많으며 일단 공지된 개인별 비행근무를 바꾸려면 상당한 노력과 고충이 따르는 것이 사실이다. 따라서 월간 스케줄이 공지되는 날에는 해당 사이트의 용량이 폭주할 정도로 많은 승무원이 접속하여 익월의 스케줄을 알아보려는 노력을 한다.

Sunday	Monday	Tuesday	Wednesday	Thursday	Friday	Saturday
Apr 01	Apr 02	Apr 03	Apr 04	Apr 05	Apr 06	Apr 07
KE 0787 0758 ICN FUK 0913 KE 0788 1035 FUK ICN 1203	KE 0893 0852 ICN PVG 0946 KE 0894 1115 PVG ICN 1404	GRD 0930 GMP GMP 1830	PDO 0000:2359 ICN	KE 0893 0845 ICN PVG 0940 KE 0894 1125 PVG ICN 1420	KE 1105 0820 GMP PUS 0920 KE 0731 1100 PUS KIX 1220 KE 0724 1340 KIX ICN 1530	DO 0000:2359 ICN
Apr 08	Apr 09	Apr 10	Apr 11	Apr 12	Apr 13	Apr 14
KE 0037 1200 ICN ORD 1040 LO 1110 ORD ORD 2359	LO 0000 ORD ORD 2359	LO 0000 ORD ORD 1150 KE 0038 1300 ORD ICN 2359	KE 0038 0000 ORD ICN 1640	ATDO 0000:2359 ICN		KE 0905 1300 ICN FRA 1735 LO 1805 FRA FRA 2359
Apr 15	Apr 16	Apr 17	Apr 18	Apr 19	Apr 20	Apr 21
LO 0000 FRA FRA 2359	LO 0000 FRA FRA 1835 KE 0906 1945 FRA ICN 2359	KE 0906 0000 FRA ICN 1300	ATDO 0000:2359 ICN	ATDO 0000:2359 ICN	KE 0613 1535 ICN HKG 1805 KE 0614 1905 HKG ICN 2335	ATDO 0000:2359 ICN
Apr 22	Apr 23	Apr 24	Apr 25	Apr 26	Apr 27	Apr 28
KE 0651 1735 ICN BKK 2115 LO 2145 BKK BKK 2359	LO 0000 BKK BKK 2135 KE 0652 2245 BKK ICN 2359	KE 0652 0000 BKK ICN 0545	ATDO 0000:2359 ICN	KE 0761 1820 ICN OKJ 1930 LO 2020 OKJ OKJ 2359	LO 0000 OKJ OKJ 0840 KE 0762 0950 OKJ ICN 1125	KE 1483 0840 ICN CJU 0945 KE 1484 1030 CJU ICN 1135
Apr 29	Apr 30					
KE 0641 1605 ICN SIN 2115 LO 2145 SIN SIN 2359	LO 0000 SIN SIN 2215 KE 0642 2325 SIN ICN 2359					

매월 일정 날짜에 배포되는 다음 달 객실승무원 비행근무 스케줄

스케줄표 약어 설명
- ICN : 한국 인천 국제공항
- FUK : 일본 후쿠오카 국제공항
- PVG : 중국 상해 국제공항
- KIX : 일본 오사카 간사이 국제공항
- PUS : 김해 국제공항
- ORD : 미국 시카고 오헤어 국제공항
- FRA : 독일 프랑크푸르트 암마인 국제공항
- HKG : 중국 홍콩 국제공항
- BKK : 태국 수안나폼 국제공항
- OKJ : 일본 오카야마 국제공항
- CJU : 한국 제주 국제공항
- SIN : 싱가폴 창이 국제공항

Criteria
Roster Period: 01SEP13-30SEP13 ▼

Roster Summary from 01SEP13 – 30SEP13

(Times shown are in Port Local times)

Actual Flight Times
Latest 30 Days: 91:20 Current Month: 91:20 Latest 90 Days: 252:28 Latest 1 Year: 1036:21
DeadHead Times
Latest 30 Days: 00:00 Current Month: 00:00 Latest 90 Days: 12:19 Latest 1 Year: 36:55

Sunday	Monday	Tuesday	Wednesday	Thursday	Friday	Saturday
Sep 01	Sep 02	Sep 03	Sep 04	Sep 05	Sep 06	Sep 07
KE 0905 1300 ICN FRA 1745 LO 1815 FRA FRA 2359	LO 0000 FRA FRA 2359	KE 0906 0000 FRA ICN 1303	ATDO 0000:2359 ICN	ATDO 0000:2359 ICN	KE 0787 0800 ICN FUK 091? KE 0788 1030 FUK ICN 113?
Sep 08	Sep 09	Sep 10	Sep 11	Sep 12	Sep 13	Sep 14
KE 0831 0810 ICN SHE 0855 KE 0832 1015 SHE ICN 1300		TTMQ 0830 ICN ICN 1730	TTMQ 0830 ICN ICN 1730		KE 0881 1050 ICN IAD 1310 LO 1140 IAD IAD 2359	LO 0000 IAD IAD 2359
Sep 15	Sep 16	Sep 17	Sep 18	Sep 19	Sep 20	Sep 21
LO 0000 IAD IAD 1225 KE 0094 1335 IAD ICN 2359	KE 0094 0000 IAD ICN 1705	ATDO 0000:2359 ICN	ATDO 0000:2359 ICN	KE 0921 1245 ICN AMS 1710 LO 1800 AMS AMS 2359	LO 0000 AMS AMS 2359	LO 0000 AMS AMS 2359
Sep 22	Sep 23	Sep 24	Sep 25	Sep 26	Sep 27	Sep 28
LO 0000 AMS AMS 1750 KE 0926 1900 AMS ICN 1233	KE 0926 0000 AMS ICN 1233	ATDO 0000:2359 ICN	ATDO 0000:2359 ICN	KE 0817 1315 ICN TXN 1650 KE 0818 1530 TXN ICN 1910	KE 1107 1000 GMP PUS 1055 KE 0753 1300 PUS NGO 1425 KE 0754 1535 NGO FUK 1705 LO 1735 PUS PUS 2359	LO 0000 PUS PUS 0855 KE 1402 0705 PUS ICN 0810
Sep 29	Sep 30					
ATDO 0000 2359 ICN	KE 0789 1415 ICN FUK 1535 KE 0790 1645 FUK ICN 1810					

스케줄표 읽는법

해당일시 : 9월1일~9월30일 한달간

비행시간 : 91시간20분/9월 한달간

작년총 비행시간 : 1036시간 21분

9월 편승시간(EXTRA or DEAD HEAD) : 없음

작년총 편승시간 : 36시간 55분(편승근무의 비행수당은 정상근무의 75% 지급)

9월1일 : 인천국제공항에서 독일 프랑크푸르트 국제공항행 KE905편 탑승.

9월2일 : 독일 프랑크푸르트 체류

9월3일 : 독일 프랑크푸르트에서 인천국제공항행 KE906 탑승

9월4일 : KE906편 인천국제공항 도착(3박4일)

9월5, 6일 : 자택 휴식

9월7일 : 인천국제공항에서 일본 후쿠오카 왕복근무 (KE787/788)후 저녁11시55분 도착

9월8일 : 인천국제공항에서 중국 심양 왕복근무(KE831/832)후 오후1시 도착

9월9, 10일 : 서비스 보수교육

9월11일 : 자택 휴식

9월12일 : 대기근무(스케줄 할당은 저녁 7시경 배정)

9월13일 : 인천국제공항에서 워싱턴 가는 KE093편 탑승

9월14일 : 미국 워싱턴 체류

9월15일 : 미국 워싱턴에서 인천국제공항행 KE094편 탑승

9월16일 : KE094편 인천국제공항 도착(3박4일)

9월17, 18일 : 자택휴식

9월19일 : 인천국제공항에서 네덜란드 암스테르담행 KE925편 탑승

9월20, 21일 : 네덜란드 암스테르담 체류

9월22일 : 네덜란드 암스테르담에서 인천국제공항행 KE926편 탑승

9월23일 : KE926편 인천국제공항 도착(4박5일)

9월24, 25일 : 자택휴식

9월26일 : 인천국제공항에서 중국 천진 왕복근무(KE817/818)후 저녁 7시10분 도착.

9월27일 : 김포국제공항에서 부산행 KE1107편 국내선 탑승근무하고 김해국제공항에서
  국제선인 부산/나고야/부산 왕복 근무 후 부산에서 체류.

9월28일 : 부산 김해국제공항에서 인천국제공항행 KE1402편(국내선) 탑승근무후 아침
  08시30분 인천국제공항 도착.

9월29일 : 자택휴식

9월30일 : 인천국제공항에서 일본 후쿠오카 왕복근무 (KE789/790)후 저녁18시10분 도착

09 사진으로 이해하는 객실승무원 업무배정(Duty Assignment)

1. 비행 전날 휴식 중

객실승무원의 업무배정은
객실사무장/캐빈매니저에
의해 비행 전날 실시함

2. 집에서 회사 사이트 접속

3. 회사 사이트 접속

4. 업무배정 화면에서 배정

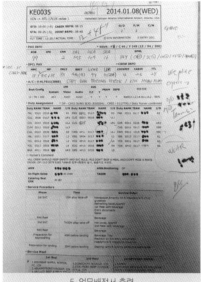

5. 업무배정서 출력

6. 브리핑 전 업무배정 재확인

7. 브리핑 전 각자 업무배정 확인

8. 객실브리핑 실시 전 체조

9. 객실브리핑 실시

운항, 객실 간
정보 공유하기
(CRM-Crew Resource Management)

- 객실 서비스 및 객실 안전 규정에 따라 객실 상
  황을 판단하여, 상급자에게 신속하게 보고할 수
  있다.
- 객실 서비스 및 객실 안전 규정에 따라 운항 정
  보를 공유할 수 있다.
- 객실 서비스 및 객실 안전 규정에 따라 승객 정
  보를 공유할 수 있다.

운항, 객실 간
정보 공유하기
(CRM–Crew Resource Management)

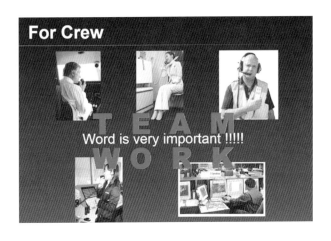

For Crew

Word is very important !!!!!

CRM(Crew Resource Management)은 인간의 실수로 발생하는 심각한 위해의 발생가능성을 최소한으로 낮추는 것을 전제로 삼고 전략적인 대응방안으로 자원, 설비, 정보 등의 이용 가능한 자원의 효과적인 활용을 포함하고 있으며 안전운항과 효율적인 운항을 위해 이용 가능한 모든 자원을 효과적으로 사용하는 것을 말한다.

> **"The effective use of all
> available resource to achieve
> safe and efficient flight."**

항공기 내에서는 기장이 모든 기내 발생 사태의 최종 결정권한이 있지만 기장이 적합한 결정을 내릴 수 있도록 모든 적절한 정보를 제공하는 것은 객실승무원의 임무이다.

 항공기 기장/객실승무원의 권한과 책임

☑ **기장** : 기장은 항공기 운항에 대한 최종적인 권한을 가지고 있으며 항공기 문(Door)이 닫힌 시점부터 탑승한 모든 승무원 승객, 또는 화물의 안전에 관한 책임을 진다.

☑ **부기장** : 부기장은 안전한 운항이 되도록 기장을 옆에서 보좌하며 기장의 임무수행 불가시 기장을 대신하여 책임을 진다.

☑ **객실사무장/캐빈매니저** : 객실승무원에 대한 책임을 지며 승객에게 최고의 안전과 최고의 서비스가 제공될 수 있도록 서비스 규정과 절차가 준수되고 있는지 확인해야 하고 기장과 객실승무원 간 원활한 의사소통이 될 수 있도록 연결자 역할을 담당한다.

 지휘체계와 보고기준 및 단계별 보고내용

기장-부기장-객실사무장-일반승무원 순으로 기내 지휘권이 인계된다.

객실승무원은 비상사태를 포함하여 근무 중 발생하는 비정상 상황 중 항공기 운항에 영향을 끼칠 수 있는 사항과 안전 저해 요소에 대해 보고해야 한다. 특히 비행 중 비상탈출, 기내화재, 승객의 사망, 응급환자, 테러위협에 대한 사항은 즉시 기장에게 보고되어야 하며, 서면보고는 각 항공사의 규정에 의해 일정한 양식으로 보고할 수 있다. 일반적으로 객실사무장/캐빈매니저가 기장에게 보고하며 단계별 보고 내용은 아래와 같다.

(1) 승객 탑승 전(객실 ▶ 운항)

- 객실승무원 탑승인원 보고
- 비행기 탑승 후 안전, 보안점검
  이상유무 보고
- 기내식 및 기내 서비스용품 탑재
  이상 보고

B737-800 항공기 우선회 하는모습

(2) 승객 탑승 및 이륙 전(객실 ▶ 운항)

- 승객 탑승준비 점검 완료 후 기장에게 객실준비 보고
- 출발, 도착서류 탑재 및 특이사항 보고
- 최종 탑승인원 및 도어 CLOSE 보고
- 객실 이륙준비 완료 보고

B777-200항공기 내부

(3) 비행 중(객실 ▶ 운항)

- 객실 내 비정상 상황 보고
- 응급환자발생, 화재발생, 기내 대테러 상황발생, 기내 설비 고장, 특별
  승객관련 요청사항 보고

(4) 착륙 및 승객 하기 후(객실 ▶ 운항)

- 승객 하기 보고
- 승객 하기 후 보안점검 완료 후 이상유무 보고

(5) 비행 후(객실 ▶ 회사)

- 객실 보고서(Cabin Report)

비행 후 객실승무원은 비행 근무 중 안전에 관련된 사항, 비행 특이사항, 비정상 상황, 업무적 측면 개선이 필요하다고 판단되는 사항에 대해 객실 보고서를 작성한다. 객실사무장/캐빈매니저가 일반적으로 작성하는 객실 보고서의 항목은 객실 안전사항/항공기 지연, 회항, 결항/업무기준/고객서비스/기내 설비고장/기타 비행업무의 효율성을 높이기 위해 제안이 필요하다고 생각되는 항목에 대해 객실 보고서를 작성할 수 있다.

기장 보고서(Captain Report)

기장은 해당 비행을 완료한 후 비행근무 중 안전에 관련된 사항이나 규정절차 및 기상 특이사항, 운항 업무적 측면 개선이 필요하다고 판단되는 항목에 대해 기장 운항 보고서를 작성한다.

안전 보고서(무기명)   안전담당 부서장 및 항공사 최고위층에게 보고된다.

객실승무원, 운항승무원 및 모든 항공사 직원과 유관업종 근무자는 해당 업무나 비해당 업무일지라도 안전에 심각한 위협이 되는 사항에 대해서는 무기명으로 안전 보고서를 작성하여 제출할 수 있다. 각 항공사별로 다른 명칭으로 시행하고 있으나 안전에 관한 무기명 제안과 보고의 내용은 동일하다.

따라서 운항승무원과 객실승무원 간의 좋은 팀워크는 최상의 적절한 결정을 내리는 데 상당히 중요한 요소이며, 운항/객실 승무원 간의 협조체제 결여는 모든 비상사태에 대해 부적절한 판단 및 결정을 초래할 수 있다.

그러므로 비행 전 객실승무원과 운항승무원은 좋은 팀워크를 위해 상호 존중, 긍정적 분위기를 이용한 협조체제 구축에 노력하여야 하고 자유스러운 의사소통이 가능한 환경을 조성하도록 노력해야 한다.

2014년 11월 정년 퇴임하신 B747-400 기장님과 저자

03 객실승무원과 운항승무원 간의 차이

 운항승무원과의 협동

객실과 운항의 Barrier

Working As a "One Team" but, Different Crews

 Cockpit  Cabin

These differences cause the "Barrier"

'운항승무원이 제일 바쁜 시간은 객실승무원이 비교적 한가한 시간이며
객실승무원이 제일 바쁜 시간은 운항승무원이 비교적 한가한 시간이다'

운항승무원은 비행기가 움직이기 시작한 때부터 이륙 후 항공기가 목표고도에 이를 때까지가 가장 바쁘게 움직인다. 일단 비행기가 목표고도에서 목적지 공항으로 순항을 시작하면 비교적 여유로운 시간이 된다. 따라서 이때부터 운항승무원은 식사, 음료서비스 그리고 객실과 관련된 업무를 시작하고 싶어 한다.

 운항승무원과의 협동

객실과 운항의 Barrier

물리적인 분리

사회심리적 차이

소속집단 간의
차이

하지만 객실승무원은 비행기가 목표고도에 이를 때까지 승무원용 좌석(Jump Seat)에서 대기하고 있어야 하며 목표고도에서 목적지 공항으로 순항하기 시작하면 그때부터 객실서비스가 시작되어 서비스가 끝날 때까지 상당히 바쁜 시간을 맞이하게 된다. 따라서 같은 항공기 내에서 근무하지만 집중 근무 시간이 달라서 간혹 업무에 차질을 빚는 경우도 발생하곤 하는데 이러한 차이는 객실/운항 승무원간 브리핑시 서로에 관한 의견을 제시하고 절충하며 가장 합리적이고 적절한 방법을 도출해 내는 것이 중요하다 할 것이다.

특히 외국인 조종사가 탑승시 정확한 의사소통 및 상황을 파악하는 부분에서 문화적인 차이로 인한 오해를 불러일으킬 수 있으므로 이해를 하지 못하거나 불분명한 사안에 있어서는 확실한 확인 작업이 필요하고 쓸데없는 긴장감을 조성하지 말아야 하며, 외국어를 이해하지 못했을 때 절대 주저하지 말고 재의견 교환을 통해 정확한 사태파악을 위한 노력을 비행근무 모든 단계에 걸쳐 실시하여야 한다.

비행 전/중 외국인 기장과 객실사무장의 훈훈한 커뮤니케이션

✈ 객실과 운항의 업무환경의 차이

Dimension	Cockpit	Cabin
Gender	Majority Male	Majority Female
Age	Primarily 30~60	Primarily 20~40
Workplace	Confined	Spacious
Physical Activity	Stationary	Active
Terminal Workload	High	Low
Cruise Workload	Low	High

 객실승무원, 운항승무원과의 CRM(Crew resource management) **기본 구성요소**

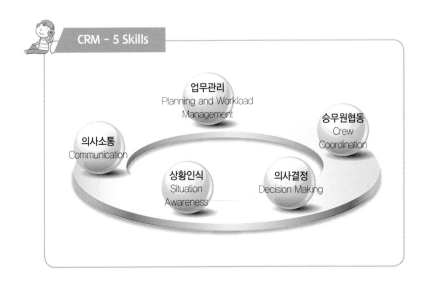

 객실/운항 승무원과의 원만한 업무협조 방법

- 객실브리핑 후 합동브리핑시 운항승무원의 이름과 얼굴을 기억한다.
- 객실승무원은 항공기 지상이동시 규정/절차를 준수하고 서로 간 원활한 의사소통의 유지를 위해서 운항승무원의 업무를 이해하려고 노력한다.
- 항공기 내 지휘계통을 준수한다.
- 자신의 업무 외 상대방의 업무를 이해하고 상대를 배려하는 자세를 갖도록 한다.
- 운항승무원과의 문제가 발생하는 경우 비행근무 중에는 지휘계통을 준수하고 비행근무가 종료된 후 공식적인 방법으로 체계적으로 보고하며 운항승무원에게 건설적인 의견을 제시하되 소모적인 논쟁을 하거나 다투어서는 안 된다.

항공기 출발 전/중/후 운항승무원에게 보고/고지 되어야 할 사항

- 승객탑승 전 비상/보안장비 점검 여부 및 이상 유무(객실 ▶ 운항)

- 승객탑승 준비완료 및 탑승허가 (보딩사인-Borading Sign이라고도 한다) (객실 ▶ 운항)

- 탑승 완료 보고(승객, 승무원 수, 기타사항) (객실 ▶ 운항)

- PUSH BACK 준비완료(객실 ▶ 운항)

- 이륙준비 완료(객실 ▶ 운항)

- 기내 Turbulence Sign On시 객실상황 보고 (객실 ▶ 운항)

- 비행 중 객실의 비정상 상황 보고(객실 ▶ 운항)

- 지연된 항공기 목적지 도착 전 연결 편 항공기 상황 접수(운항 ▶ 객실)

```
AN HL7714/MA 241A
- TS PAX INFO
Please deliver this to cabin crew
GATE INFO FOR T/S PAX
KE0624/29SEP ARR AT GATE 7
FLT      DEST    STD          GATE   PAX
AA0280   DFW     09-29 16:50  113    8
AC0064   YVR     09-29 18:20  119    3
DL0158   DTW     09-29 12:25  111    1
KE0011   LAX     09-29 20:00  17     1
KE0017   LAX     09-29 15:00  10     1
KE0023   SFO     09-29 17:30  12     3
KE0029   IAH     09-29 09:10  6      9
KE0035   ATL     09-29 09:20  10     4
KE0037   ORD     09-29 11:40  12     9
KE0081   JFK     09-29 10:05  17     5
KE0085   JFK     09-29 19:30  10     1
KE0093   IAD     09-29 10:30  8      27
KE0723   KIX     09-29 09:35  15     1
KE0765   CTS     09-29 10:10  14     1
KE0805   TSN     09-29 09:15  12     1
KE0845   TAO     09-29 08:10  22     3
```

목적지 도착 전 운항승무원이 객실사무장에게 전해주는 환승승객 정보

07 운항승무원과 객실승무원 간의 정보공유

운항승무원과 객실승무원은 항상 조종실과 객실에 관한 정보를 공유하고 있어야 하며, 특히 객실 내 화재, 감압, 난동, 테러 등 정상적이지 않은 이상상황 발생시 완벽한 공조를 통해 이를 해결할 수 있어야 한다.

특히 운항 브리핑시 아래의 정보를 객실승무원과 공유하여야 한다.

- 항공기 보안절차

- 예정된 비행시간, 고도, 항로

- 항로상 기상, 목적지 기상(예상되는 Turbulence 고도 및 시간)

- 해상비행시 필요한 승객브리핑

- 승객 예약상황

- 기장방송 상태파악을 위한 전달방법

- 화물상황
- 조종실 출입절차(비행 전, 중, 후 조종실 출입은 객실승무원, 국토교통부장관 또는 지방항공청장이 발행한 '항공기 출입요구서'를 소지한 사람이나 항공사 운항부서 담당임원이 발행한 '조종실 탑승 허가서'를 소지한 인원에 한해서 출입할 수 있다)
- 국가별 특별한 출입국 절차
- Sterile Cockpit 절차(비행고도 10,000피트 이하)
- Fasten Seatbelt Sign 운영절차
- 승객의 안전이나 편의성에 영향을 줄 수 있는 장비나 Item의 결함 또는 비정상 상태에 관한 정보교환

비상절차

운항 브리핑시 운항승무원과 객실승무원은 기장 탈출 방송에 대해 논의해야 한다. 아래는 항공기 탈출상황 발생시 기장의 방송예문이다.

★ 이륙 중단 후 기내탈출이 필요 없을 시 기장의 기내방송(객실승무원 : Jump Seat에서 대기)
  "This is Captain", "Remain seated, Remain seated"
★ 비상 착륙 후 기내탈출이 필요 없을 시 기장의 기내방송(객실승무원 : Jump Seat에서 대기)
  "This is Captain", "Remain seated, Remain seated"
★ 비상 착륙 후 기내탈출이 예상될 시 기장의 기내방송(객실승무원 : Jump Seat에서 대기)
  "Attention", "crew at station"
★ 비상 착륙 후 기내탈출이 필요할 시 기장의 기내방송(객실승무원 :비상탈출구 열고 비상탈출 실시)
  "This is Captain", "Evacuate, Evacuate"

승객 정보 공유

아래의 승객은 운항승무원과 정보를 공유하여 필요한 조치를 하여야 한다.

제한승객
- 환자/성인 비동반소아/임산부/탑승거절승객
- 기내 업무방해행위 승객
- 추방자
- 호송죄수
- VIP, CIP
- 클리닝쿠폰 발급승객

08 긴급신호(Urgent signal)와 비상신호(Emergency signal)의 차이

객실승무원이 운항승무원에게 보내는 긴급신호와 객실/운항 승무원이 객실/운항 승무원에게 보내는 비상신호는 개념이 서로 비슷한 종류이나 항공사에서는 아래와 같이 정확하게 구분하여 사용한다.

☑ 긴급신호(Urgent signal)

비행 중 항공기 및 객실 안전에 관련하여 관련 조종실에 긴급하게 연락할 필요가 있을 때 사용하며 특히 Sterile cockpit 시점, 즉 항공기 고도 10,000ft 이하에서 객실 및 기체 안전 관련하여 조종실에 신속히 연락할 사안이 발생할 경우 사용한다.(객실에서 조종실에 연락할 때 사용)

✈ 항공기 기종별 긴급신호

기종	긴급신호
A380	인터폰 키보드에서 EMER 버튼을 1초 이상 누른다.
B747	인터폰 키보드에서 P 버튼을 2회 누른다.
B777	인터폰 키보드에서 * 버튼을 2회 누른다.
A330	인터폰 키보드에서 CAPT, RESET, CAPT 버튼을 누른다.
B737	인터폰 키보드에서 2번 버튼을 2회 누른다.

CAPT, RESET, CAPT 버튼을 누른다.

A330 긴급신호

2번 버튼을 두 번 누른다.

B737 긴급신호

EMER 버튼을 1초 이상 누른다.

A380 긴급신호

P버튼을 2회 누른다.

B747-400 긴급신호

* 버튼을 2회 누른다.

B777 긴급신호

☑ 비상신호(Emergency signal)

비행 중 항공기 비상사태(응급환자 발생, 화재, 테러 등)발생시 운항승무원 포함 모든 객실승무원에게 긴급히 연락할 필요가 있을 때 사용한다.(즉, 객실에서 운항 승무원 및 객실승무원에게 모두 동시에 연락할 때 사용)

✈ 항공기 기종별 비상신호

기종	발신 방법
A380	Handset의 'EMER'을 1초 이상 누른다(또는 EMER 누르고 SEND).
B747/B777	Handset의 번호 '5'를 2회 누른다.
A330	Handset의 'PRIO CAPT' Button을 누른다(Captain은 Handset을 Reset 시켰다가 곧 All Call을 사용하여 모든 객실승무원과 통화한다).
B737	Handset의 번호 '2'를 3회 누른다(Captain은 Handset을 Reset시켰다가 곧 All Call을 사용하여 모든 객실승무원과 통화한다).

* 모든 승무원은 비상신호를 듣는 즉시 Handset을 들고 자신의 위치를 말한 후 발신자로부터 비상상황이나 지시를 전달받거나 자신의 상황을 전달한다.

EMER 버튼을
1초 이상 누른다.

A380 비상신호

5번 버튼을
두 번 누른다.

B747/777 비상신호 - 동일함

PRIO CAPT 버튼을
누른다.

A330 비상신호

2번 버튼을
3회 누른다.

B737 비상신호

운항승무원과 객실승무원의 협조가 절대적으로 필요한 사안

아래와 같은 비상상황에서 승무원/승객/항공기의 안전을 유지하며 가장 안전한 대안을 결정하기 위해 운항승무원과 객실승무원 간의 협조와 훌륭한 판단은 절대적으로 필요하다.

❶ 동절기 항공기 외부 착빙현상 보고(날개 위 눈, 서리, 얼음이 쌓여 있을 때)

❷ 이/착륙 중 비상탈출 가능성이 높을 때

❸ 감압(Decompression)

❹ 기내화재(Cabin fire)

❺ 응급환자 발생

❻ 운항승무원의 임무불능

❼ 상기 외 객실/조종실의 비정상적 상황

☑ Sterile Cockpit이란?

비행중요단계(Critical phases flight)에서는 운항승무원의 업무에 방해를 줄 수 있는 객실승무원의 어떠한 행위도 금지한다.

● 항공기의 지상이동 및 비행고도 10,000ft(3,048m) 이하에서 운항하는 시점을 "비행중요단계"라고 규정하며, 객실승무원은 이/착륙시 Fasten seatbelt sign on/off 및 기내 표준신호를 이용하여 비행중요단계의 시

작과 종료를 알 수 있다. 쉽게 말하면 지상이동 및 비행고도 10,000ft (3,048m) 이하에서 객실승무원에 의한 조종실 연락을 제한하는 것을 "Sterile Cockpit"이라 한다.

- 객실승무원은 비행단계 중 항공기 이륙 전 지상이동(TAXING), 이륙 (TAKE OFF), 착륙(LANDING), 착륙 후 지상이동(TAXING) 및 이륙 후/착륙 전 10,000ft(3,048m) 고도 이하에서 항공기 안전과 직결된 사항 이외 일체의 조종실 업무방해행위를 하지 말아야 한다.

- 하지만 객실승무원은 보고의 실시 및 지연이 비행안전과 직결되는지 여부를 파악하기 어렵기 때문에 안전에 관련된 사항 또는 위급상황 발생 시 아래의 긴급신호를 이용하여 운항승무원에게 연락을 취할 수 있다. 기장은 안전을 고려하여 객실승무원과 통화 여부를 결정할 수 있으며, 즉각 응답이 어려운 경우 가능한 빠른 시간 내에 객실승무원에게 연락한다.

불만승객
대처하기

Chapter

03

불만승객 대처하기

- 객실 서비스 및 객실 안전 규정에 따라 불만 상황에 대한 원인을 파악할 수 있다.
- 객실 서비스 및 객실 안전 규정에 따라 경청한 후 불만에 대한 해결방안을 모색할 수 있다.
- 객실 서비스 및 객실 안전 규정에 따라 해결방안에 대한 구체적인 행동을 보여줄 수 있다.
- 객실 서비스 및 객실 안전 규정에 따라 해당 승객에 대한 만족도를 재확인할 수 있다.

 고객심리

> 고객은
> 항공사의 상품과 서비스를 이용하는 사람으로 항공사가 존재하는 이유이며 기업 존재의 이유이다.

1. 환영 기대 심리(환영받고 싶은 마음)

- 고객을 밝고 환한 미소로 맞이하여 탑승시 친절한 첫인사를 실시하고 기분 좋게 맞이할 때 고객이 자신을 환영하며 존중한다고 느끼는 마음

2. 보상 심리(손해보기 싫은 마음)

- 다른 고객들과 공평하고 공정한 서비스를 제공받고 싶은 마음
- 고객이 들인 비용만큼 그에 상응하는 응대를 받고 싶어하는 마음

3. 독점 심리(끝까지 문제해결을 위해 도움을 받고 싶은 마음)

- 고객에게 끝까지 집중하여 성실한 태도로 응대하고 상황에 따라 적절한 대안을 제시하였을 때 성의있다고 느끼는 마음
- 모든 서비스 단계(탑승에서 하기까지)에서 동일한 수준의 서비스가 제공되기를 희망하는 마음

기내 서비스를 아무리 완벽하게 하려고 해도 승객으로부터의 불만은 있기 마련이다. 왜냐하면 인간은 완벽할 수가 없으며 주관적인 사고를 갖고 있으므로 모든 고객의 욕구가 똑같을 수 없기 때문이다.

따라서 승객으로부터 지적이나 불만이 발생했을 경우, 항상 긍정적인 자세로 승객의 입장에 서서 정확한 원인을 파악하여 불만에 대한 해결방안을 강구하고, 승객에게 호감을 줄 수 있는 만족한 조치로 신뢰감을 높이면 승객/승무원 상호 간 신뢰와 상대 존중/배려의 마음이 우러날 수 있다.

항공사는 오랜 숙제 중 하나인 승객불만을 해소하기 위해 객실승무원의 교육/의식전환/기내식 및 기내 설비 교체/항공기 지연방지를 위해 다방면으로 노력하고 있다. 항공사에서 대부분의 승객불만은 운송 서비스 및 기내 서비스에서 발생되는 경우가 많기 때문에 객실승무원의 비행업무 중 한 부분인 승객 응대시 주의사항과 불만승객 응대요령에 대해 알아보기로 한다.

02 객실승무원에게 승객이란?

> **고객 만족을 위해**
> **기본과 원칙에 충실히 하고 서비스 마인드를 함양하는 것**
> **바로, 우리 객실승무원의 역할과 임무입니다.**

❶ 항공사의 상품과 서비스를 이용하는 승객이며 우리가 존재하는 이유이다.

❷ 승객을 존중하고 배려하는 마음에서 시작되는 고객 가치의 중요성을 인식

해야한다.

③ 승객만족은 고객의 기대를 충족시켜 주는 것이다.

④ 승객은 구전을 통해 재구매에 영향을 끼치고 새로운 고객을 창출한다.

⑤ 규정, 원칙, 기본에 충실하고 고객을 최우선으로 하는 서비스 마인드를 함양해야 한다.

⑥ 항공사의 성장 원동력은 고객이며, 객실승무원의 역할과 임무는 승객만족을 실현시키는 것이다.

객실승무원의 승객 응대시 지켜야 할 사항

① 객실승무원은 해당 항공사의 판매상품 및 업무지식을 숙지하고 있어서 승객의 질문에 항상 정확한 답을 주어야 한다.

② 승객이 승무원 호출버튼을 눌렀을 경우 우선적으로 해당 승객의 요구사항을 해결하기 위해 노력해야 하며, 호출버튼은 승객의 요구를 끝까지 듣고 OFF한다.

③ 담당구역 내 특정한 승객이 아닌 전 구역의 승객과 골고루 대화를 나누도록 하며, 승객이 이야기할 때는 관심을 보이고 특별한 문제에 대해 토론은 하지 않는다.

④ 담당구역 내 특정승객과 장시간의 대화는 피하며, 승객이 즐기는 게임, 도박에 참여해서는 안 된다.

⑤ 객실승무원은 탑승한 비행기의 비행시간, 경로, 목적지 도착시간, 기상 등 비행정보를 숙지하여 궁금해 하는 승객에게 제공할 수 있어야 한다.

⑥ 승객이 기내에서 희망하는 물품이 없거나 제공 불가능한 경우 정중히 사유를 말하고 기내에서 사용할 수 있는 대체품목을 권유하여야 한다.

❼ 통로에서 승객과 마주칠 경우 비록 바쁠지라도 가볍게 목례를 실시하며 승객이 먼저 지나갈 수 있도록 배려한다.

❽ 승객을 호칭할 때는 해당 승객의 직함을 호칭하고 어린이 승객에게 반 토막 말을 사용하지 않는다.

❾ 표준어, 경어 및 정중한 표현을 사용하며 반 토막 말이나 외래어, 승무원끼리만 알아들을 수 있는 외국어, 은어는 사용하지 않는다.

❿ 모든 승객에게 예절 바르고 공평한 태도로 임한다.

올바른 고객 응대 화법(존칭어)

존칭어 사용은 고객에 대한 존중과 존경의 표현이므로 올바른 어법으로 상황에 맞게 사용해야 하며, 어법에 맞지 않는 사물 존칭은 사용해서는 안 됨.

사례보기 부적절한 사물 존칭 표현 예문

시점	예문
탑승 및 지상 서비스	• 안녕하십니까? 자리는 이쪽이십니다.(이쪽입니다.) • 옆 좌석은 다른 손님이 앉으실 자리이십니다.(자리입니다.) • 말씀하신 신문이십니다.(신문입니다.) • 화장실은 이쪽이십니다.(이쪽입니다.) • 신문은 앞쪽에 진열되어 있으십니다.(있습니다.) • 뒤쪽에 여러 가지 잡지가 준비되어 있으십니다.(있습니다.) • 오늘 만석이라 빈 자리가 없으십니다.(없습니다.)

( ) 안은 정확한 문장 표기

 04 비행 중 고객불만 유형 및 해결방안

고객불만 유형에 따른 해결책

SPML 미탑재	의복 오염	기내 온도
BSCT 미탑재	기내 낙수	등받이 불편
Seat Separate	화장실 악취	무단 좌석 점유
T/S PAX 연결	기내 설비	주변 승객 소란
Meal Choice	우는 아이	

기내 발생 유형	객실승무원 고객불만 해결절차

SPML
미탑재
	• SPML 미탑재시 '기내응대가이드'에 따라 고객 응대
	- 사과 표명 : [1차] 해당 Zone 담당승무원
	                 [2차] 객실사무장/캐빈매니저 또는 부사무장
	- 스페셜밀 종류별 대체 가능한 음식을 안내하며 식사 권유
	  (대체 음식이 있는 경우)
	- SPML 주문이 누락된 승객 응대시 승무원 언행에 의해 불만이
	  가중되지 않도록 유의하며 응대

BSCT
미탑재
	• Baby Bassinet 예약 수 + 1로 탑재
	  (예약 수가 0인 경우에도 1개 탑재)
	• Baby Bassinet 제공이 불가한 경우,
	  여분의 좌석 확인 후 좌석 교환 등을 통해 편의 제공

Seat Separate
(좌석분리승객)
	• Door Close 후 운송직원으로부터 통보받은 내용을 토대로 좌석
	  분리 배정 상황에 대해 승객에게 정중히 설명
	• 이륙 후 SHR/SSR 하단의 혼자서 여행하는 승객 명단을 참고하여
	  좌석 재배치
	• 승무원의 좌석 재배치 노력에도 불구하고 좌석 조정이 이뤄지지
	  않는 경우 조치 불가한 상황임을 안내하고 승무원 간에 해당 상
	  황에 대한 정보들 공유하며 식사서비스 메뉴/간식 우선 선택 등
	  의 편의 제공

T/S(환승) 승객
연결지연
	• 환승객의 잔여 Connecting Time을 고려, 3가지 유형으로 분류한
	  (연결가능, 불가능, 불확실) 지점의 H/D 계획을 ACARS(무선연
	  락문서)로 접수하여 고객에게 안내(단, 도착 후 변동가능성을 고
	  려, 절대 확답을 드리지 않도록 유의) * H/D : Handling

☑ 좌석분리승객 응대절차

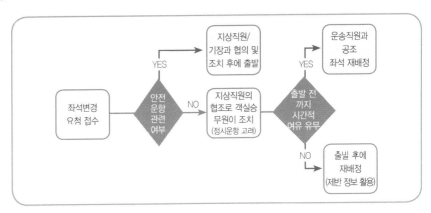

기내 발생 유형	객실승무원 고객불만 해결절차
Meal Choice 불가	• Crew Meal, 상위클래스 여유분 적극 활용(Crew meal : 승무원 용 식사) • 2nd Meal 제공시 우선 선택 등의 편의 제공
의복 오염시	• 의복 훼손 및 오염 정도에 따라 1~3매 발급 • 의복 훼손 및 오염 정도가 심해 세탁비 또는 의복 수선비가 USD 30을 초과하는 경우 초과비용에 대한 영수증을 첨부하면 추가 배상 가능함을 안내(단, 추가 비용 발생이 명백할 경우에 한해 안내)
화장실 악취 발생시	• 화장실 점검절차에 의해 비행 중 악취 발생 여부 상시 점검 및 주기적으로 방향제 사용하여 악취 제거 • 지속적인 악취 제거에도 개선되지 않는 경우 화장실 내부구조 청결문제로 간주하여 CDLM(객실정비문서)에 기재

☑ Meal choice 불가시 객실승무원 대응절차

 기내식 Meal Choice가 안됐을 경우 조치방법

인천공항에서 미주나 유럽으로 향하는 항공기 일반석에서 제공되는 기내식은 한식과 서양식으로 나뉘고 대한항공의 경우 한식은 비빔밥_(아시아나 항공은 쌈밥 등…) 서양식은 소고기, 닭고기, 생선을 사용하여 만든다. 사실 모든 승객이 원하는 기내식 메뉴를 부족함 없이 제공하는 것이 각 항공사의 목표이지만 개인마다 취향이 다른지라 기내식 제공시점에 승객 개인의 선호를 100% 만족시키기는 사실상 불가능하다고 말하고 싶다. 물론 일반석 예약시점에 해당편의 메뉴와 조리법을 알려주고 예약을 받으면 가능하다고 하겠지만 장소와 시간에 따라 수시로 바뀌는 개인의 선호 음식을 길면 6개월전 빠르면 한달이나 15일전 미리 정해두는 것도 약간 이치에 안맞는 방법인 것 같기도 하며 그 많은 승객에게 일일이 메뉴와 조리법을 알려주고 주문을 받는 것도 정말 쉬운 방법은 아닌 것 같다. 저자도 32년간 객실 상무대우 수석사무장으로 근무하면서 쉽지 않은 업무 중에 하나가 기내식 제공시점인 것만은 틀림없고 모든 승무원들이 승객의 양해를 구하며 선택받지 못한 기내식을 제공하는 노력과 인내는 겪어보지 않고는 힘들지 않을까 한다. 따라서 원하는 기내식 메뉴를 제공받지 못하게 될 때 31년 9개월간 아래와 같은 조치를 시행하였으며 승객으로부터 매우 좋은 Feed Back을 얻었다. 국적별 선호하는 식음료는 제12장에 국적별로 상세히 분류해 놓았으니 참조하면 큰 도움이 될 것 같다.

- 원하는 기내식 메뉴를 선택하지 못하는 구역은 따로 있다.

일반적으로 일반석에서 1st 기내식을 제공하게 될 때는 일반석 제일 앞에서 뒤로, 제일 뒤에서 앞으로 진행하여 가운데서 함께 만나 끝내는 것을 원칙으로 한다. 따라서 기내식 Meal Cart가 서로 만나는 지역 부근에서 기내식 메뉴선택이 매우 어려워지며 저자의 경험상 항공기 양측 날개쪽 부근 지역이 아닌가 생각한다.

항공기 Meal Choice가 잘안되는 날개주변 승객의 짐을 들어주는 저자

따라서 객실승무원은 직업상 기내식 메뉴선택이 어려워지는 구역을 사전에 알고 있으므로 탑승 시부터 그 구역의 승객과 좋은 커뮤니케이션을 통해 친밀도를 높여놓는 것이 매우 필요하다 할 것이다. 이러한 친밀도는 나중 기내식 서비스 제공시점에 '보이지 않는 큰 손(Invisible Hands)'으로 작용할 수 있고 심지어 동료일행 중 메뉴선택 못해 불평하는 승객까지도 나서서 말려줄 수 있는 '매우 긍정적인 힘'으로 다가온다.

- 기내식 메뉴선택을 못한 승객에게는 일단 음료수나, 포도주, 땅콩 그리고 Basic Meal Tray부터 제공 하여야 한다.

저자의 경험으로 본다면 모든 사람은 다른 승객이 식사를 하고 있는데 본인 Table에 아무것도 없이 무작정 기다리는 것을 무척 못 참아한다. 그때

기다리는 시간은 1분이 10분 정도로 긴 시간이라 생각하지 않을까? 따라서 승무원이 승객이 원하는 기내식을 찾는 동안 음료수나, 포도주, 땅콩 그리고 기본 Meal Tray위에 있는 식음료를 마시고 먹으면서 기

이곳에 승객이 원하는 종류의 식사 앙뜨레가 제공되야 하나 선택이 불가하여 일단 앙뜨레 없는 빈 트레이만 제공 한다.

Entree 가 없는 Basic Tray위에 빵과 물 그리고 디저트가 있으니
기다리는 동안 즐길 수 있다.

다리면 약간의 시간이 지체해도 무방하기 때문이며 마시고 먹는 자체가 화를 많이 누그러뜨릴 수 있기 때문이다. 이러한 조치가 이루어지지 않으면 나중에 승객이 원하는 식사를 제공해도 기분이 상해 안먹겠다는 승객이 대부분이고 이는 바로 고객불만으로 이어지게 되는 것이다.

일반석 Basic Tray위에 있는 빵과 버터, 디저트, 생수, 전채요리, 후식…

• 열심히 찾아보는 진지한 모습을 보이자.

승객이 원하는 기내식 메뉴를 어차피 제공해 드리지 못한다는 것은 웬만

한 근무경력 있는 승무원은 다 아는 사실이다. 기내식은 비율에 맞추어 탑
재 되는데 정해진 비율을 다 썼다면 시속 1000km로 비행하는 기내에서 어
찌 만들어 내겠는가? 한두 개 정도야 할 수 있다 쳐도 날개부근 모든승객의
원하는 메뉴 기내식을 만들어 내는 것은 불가능하며 어차피 다시 가서 승
객의 양해를 구해 다른종류의 기내식을 권해야 하는 바 승객의 가시권에서
다른 업무하고 있는 것보다 이리저리 구해보고 앞뒤로 왔다갔다 하면서 진
지하게 찾고 있는 모습을 보면 그제서야 승객들도 마음속으로 포기를 하고
있을 것이다. 이때 다가가서 정중히 다른 기내식을 권하면 마지못해 양해
하고 받아들이는 형식을 취하며 마무리 할 것이다.

만일 승무원이 상기의 방법을 다 시행했는데도 승객이 선택한 기내식(한식/양식)을
계속 주장하는 경우에는
① 한식만 주장하는 경우 : 기내에 비교적 여유가 있는 햇반과 고추장 또는 라면을
　권한다.
② 양식만 주장하는 경우 : 승객에게 시간적 여유에 대해 양해를 구하고 두 번째 식
　사 중 양식 Entree를 가열 해 제공한다.

● 간식과 두 번째 기내식의 우선 선택권을 제공한다.

첫 번째 식사가 끝나면 두 번
째 식사 제공 전 간식을 제공한
다. 간식의 종류는 대한항공의
경우 막걸리쌀빵, 컵라면, 마블
케일, 브라우니, 새우깡 등⋯ 여
러 종류가 있는바 간식의 종류
를 말씀 드리고 개인당 한가지

씩 선호하는 간식을 미리 받아 메모해 놓으며 어차피 두 번째 식사는 처음
서비스의 반대로 제공하게 되어 제일 먼저 제공하지만 메뉴를 말씀드리
선택하게 한 후 승객앞에서 메모하여 선 제공하면 어느새 승객의 입가에

빙그레 미소가 퍼지며 만족한 표정을 짓게 된다. 기내에 없는 건 활용할 수 없지만 있는 자원을 활용할 수 있는 좋은 방법인 것이다.

- 객실사무장/캐빈매니저에게 보고한다.

객실/캐빈에서 일어나는 모든 사항은 객실사무장/캐빈매니저에게 보고해야 하지만 특히 많은 승객에게 원하는 메뉴의 식사를 제공하지 못했을 경우 반드시 객실사무장/캐빈매니저에게 보고하여 회사에 건의하는 방식을 거쳐 비율이나 개수를 조정하는 방법을 취해야

한다. 승무원 한 개인은 이번 비행만 무사히 마치고 빠져나올 수 있지만 매일 반복되는 고객불만을 미연에 방지하고 원만한 기내식 Meal Choice를 위해 절대로 간과할 수 없은 부분이며 항공기 Approching 전 담당 구역 승무원과 객실사무장/캐빈매니저가 함께 가서 기내식 서비스시 원하시는 메뉴를 못드린 점에 대한 사과의 말씀을 드리면 거의 모든 승객이 만족하며 환한 웃음과 함께 맞아 줄 것이다.

☑ 승객의복 오염시 객실승무원 대응절차

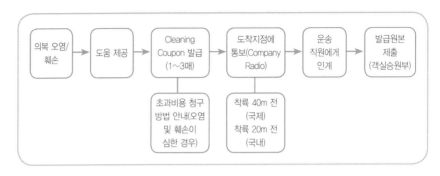

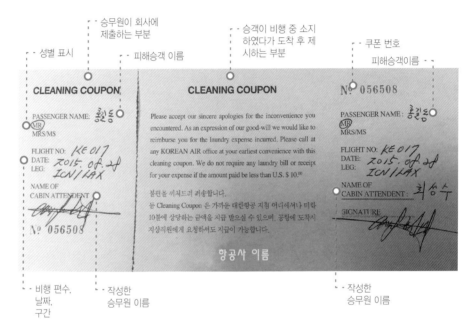

기내 발생 유형	객실승무원 고객불만 해결절차
기내 낙수 발생시	• 담당승무원이 1차 사과 및 상황설명(온도차에 의한 것이므로 안전 운항과 무관하며 안심하셔도 됨을 안내) 및 방염테이프를 이용 응급조치한 후 객실사무장/캐빈매니저가 2차 사과 및 좌석 변경 조치 • 의복 오염시 Cleaning Coupon 제공 및 운송직원에게 인계
IFE 등 기내 설비 고장시	• 기내 설비 고장시 전담은 교육을 이수한 자가 기내에 탑재된 'Trouble Shooting Guide'에 따라 실시 • 절차대로 수행해도 해결되지 않는 경우 SATCOM을 이용하여 항공기 운용팀 내 정비본부로 연락하여 자문 의뢰 • IRRE 상태 및 조치내역에 대해서는 CDLM(객실정비문서)에 기재

기내 발생 유형	객실승무원 고객불만 해결절차
기내 온도 불만족시	• 개인마다 적정 온도 차이가 있을 수 있으므로 객실 적정온도 24± 1℃ 유지 • 온도가 낮은 경우 담요 및 Hot Beverage 제공하고, 반대로 높은 경우에는 찬 음료, Disposable Towel 제공
앞좌석 등받이로 인한 불편 발생시	• 뒷좌석 승객의 불편사항을 정중히 경청하여 상황 파악 • 좌석 등받이 사용 기준, 즉 좌석 등받이는 항공기 이·착륙과 식사 시간대 외에는 모든 승객이 편안한 휴식을 위해 자유롭게 조절할 수 있음을 안내하고 먼저 뒷좌석 승객의 등받이 조절을 통한 불편 해소를 권유 • 뒷좌석 승객 불편이 지속될 경우 뒷좌석 승객의 좌석이동을 권유하고 좌석 이동시 적극 협조

기내 에어콘 작동으로 인한 낙수상황

☑ 기내 온도 불만족시 객실승무원 응대절차

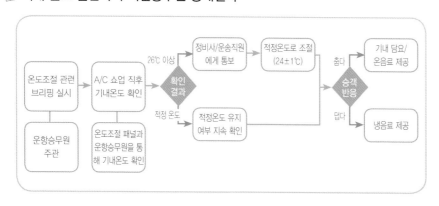

☑ 앞좌석 등받이로 인한 불편 발생시 객실승무원 응대절차

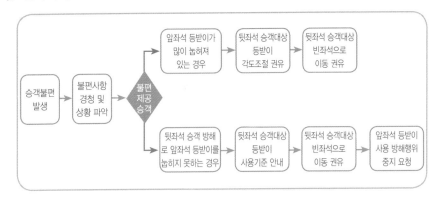

기내 발생 유형	객실승무원 고객불만 해결절차
우는 아이	• 보호자에게 도와드리겠다는 의사표명 후 보호자와 함께 아이 울음의 원인을 파악하여 상황별로 도움 제공 • 보호자가 우는 아이를 지속 방치할 경우 승무원은 보호자가 적극적인 행동을 취하도록 설득하고 요구 • 보호자가 달래도 지속적으로 울어 주변 승객의 휴식을 방해하는 경우, 주변 승객 좌석과 분리된 기내 후방, Galley, 화장실 등의 장소로 이동하여 유아를 달래도록 유도
주변 승객 소란 발생시	• 단체 승객, 유·소아 승객 등에 의한 소란·소음 발생시 주변 승객에게 불편을 끼치니 자제해 줄 것을 요청 • 이후 기내 소란 행위 자제 요청 방송 실시

☑ 우는 아이 발생 시 객실승무원 응대절차

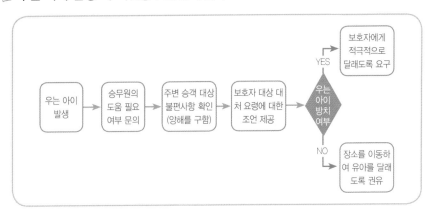

기내 발생 유형	객실승무원 고객불만 해결절차
무단 좌석 점유시	• 해당 승객 탑승권을 확인 후 본인의 지정좌석으로 안내하되, 해당 승객이 복귀를 거부할 경우 객실승무원은 해당 승객에게 무단으로 좌석을 점유하고 있음을 인지시킨 후, 최소 3차례에 걸쳐 복귀 종용 • 복귀가 이뤄지지 않을 경우 객실사무장/캐빈매니저는 승객에게 기내 업무방해행위임을 인지시키고 '기내 업무방해행위 발생시 승무원의 대응절차(설득/요청, 구두경고/경고장 제시, 강력 대응)'에 따라 조치 • 도착 전 조종실 무선을 통해 무단 좌석 점유 발생사실을 통보하고 운송직원에게 인계 조치

05 불만승객 응대요령

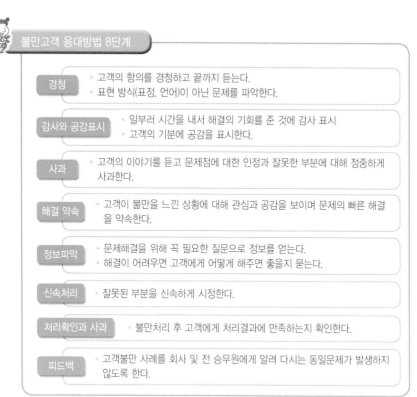

불만고객 응대방법 8단계

경청
• 고객의 항의를 경청하고 끝까지 듣는다.
• 표현 방식(표정, 언어)이 아닌 문제를 파악한다.

감사와 공감표시
• 일부러 시간을 내서 해결의 기회를 준 것에 감사 표시
• 고객의 기분에 공감을 표시한다.

사과
• 고객의 이야기를 듣고 문제점에 대한 인정과 잘못한 부분에 대해 정중하게 사과한다.

해결 약속
• 고객이 불만을 느낀 상황에 대해 관심과 공감을 보이며 문제의 빠른 해결을 약속한다.

정보파악
• 문제해결을 위해 꼭 필요한 질문으로 정보를 얻는다.
• 해결이 어려우면 고객에게 어떻게 해주면 좋을지 묻는다.

신속처리
• 잘못된 부분을 신속하게 시정한다.

처리확인과 사과
• 불만처리 후 고객에게 처리결과에 만족하는지 확인한다.

피드백
• 고객불만 사례를 회사 및 전 승무원에게 알려 다시는 동일문제가 발생하지 않도록 한다.

❶ 어떤 사항이라도 기내에서 불만을 표출하는 승객의 불만내용을 끝까지 경청하고 이를 해결하는 모습을 보이도록 한다.

❷ 불만승객 발생시 우선 담당구역을 맡고 있는 담당승무원이 1차적으로 해결 후 객실사무장/캐빈매니저에게 보고하여야 하며, 객실사무장은 비행이 종료되기 전 해결하도록 노력한다.

❸ 객실사무장/캐빈매니저는 비행이 끝난 후 승객과 연관된 불만 등 후속조치가 필요한 사항이 있으면 회사에 즉시 보고한다.

❹ 승객에게 불쾌감을 주었을 경우에는 담당자보다는 책임 있는 시니어가 처리를 담당한다.

❺ 다수의 승객이 같이 있는 장소에서 시간이 오래 걸리게 될 경우에는 장소를 바꾸어서 응대하고 처리한다.

❻ 불만의 내용에 따라서 그 장소에서 결론을 급하게 내지 말고 기내 장소나 시간을 변경해서 승객이 납득이 가는 해결을 진행시킨다.

❼ 불만을 받았을 때에는 반드시 원인이 있다. 그러나 원인을 밝히고 따지기에 앞서 우선 객실사무장/캐빈매니저에게 보고하고 수습책을 강구하는 동시에 담당승무원이 처리를 신속히 진행하는 것이 첫 번째이다. 책임을 묻는 것은 그 이후의 일이며, 선의의 과실은 책임을 면하게 되나 고의로 한 실수는 유발한 본인이 철저히 책임을 져야 한다.

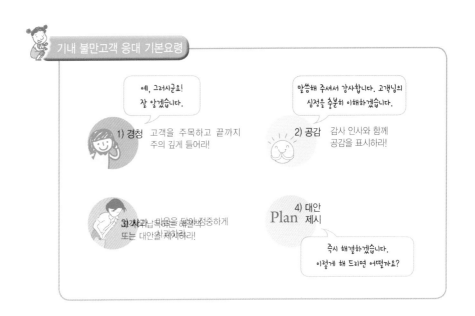

기내 불만고객 응대 기본요령

예, 그러시군요! 잘 알겠습니다.

1) 경청 고객을 주목하고 끝까지 주의 깊게 들어라!

말씀해 주셔서 감사합니다. 고객님의 심정을 충분히 이해하겠습니다.

2) 공감 감사 인사와 함께 공감을 표시하라!

3) 감사과 납득을 해결 Plan 또는 대안을 처리하라!

4) 대안 Plan 제시

즉시 해결하겠습니다. 이렇게 해 드리면 어떨까요?

1도 **불편하다.**
경청한다. ▶ 공감한다. ▶ 사과한다. ▶ 대안을 제시한다.

2도 **어이가 없고 불쾌하다.**
경청한다. ▶ 공감한다. ▶ 감사한다. ▶ 사과한다. ▶ 대안을
제시한다.

3도 **터질 것 같은 분노를 느낀다.**
정중히 사과한다. ▶ 경청한다. ▶ 공감한다. ▶ 재차 사과한
다. ▶ 대안을 제시한다. ▶ 이후 후속절차를 안내한다.

06 기내에서 승객이 불만을 제기하지 않는 10가지 이유

① 목적지 도착해서 할 일도 많은데 피곤하고 귀찮다.

② 주위 승객들이 보는 것 같아 창피하다.

③ 승무원이나 항공회사에 불만을 말해도 해결될 것 같지 않다.

④ 시간과 수고의 낭비이다.

⑤ 차라리 내가 좀 참고 손해보고 추후 이 회사 비행기 안 타면 그만이다.

⑥ 기내 서비스 불량은 시간이 지나면 증거가 없고 사진 찍어 놓기도 뭐하다.

⑦ 15시간 이상 담당승무원과 함께 가야 하는데 불쾌한 것은 빨리 잊고 싶다.

⑧ 서비스 불량의 경우 특정한 승무원의 행동을 비난해야 하는데 화를 내고
불만을 표시하기 위해서는 용기가 필요하다.

⑨ 불만을 말함으로써 승무원이 쌀쌀맞은 표정으로 대하는 등 비행 중 더 큰
불이익을 당할지 모른다.

⑩ 항공사에서 불평 불만 승객이라는 나쁜 이미지가 형성될 것 같다.

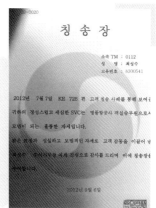

객실승무원은 비행 중 고객으로부터 불만보다도 감사의 말과 칭찬을 받는 경
우가 훨씬 많다. 승객은 비행 후 항공사 사이트에 접속하여 소정의 인증절차
를 거친 후 자신이 받은 기내 서비스에 대한 감사의 글을 쓰는 경우가 많은데
이러한 경우 항공사 담당부서로부터 해당 승무원/캐빈매니저/객실사무장에게
사기를 북돋우기 위해 칭송장을 만들어 수여하곤 한다. 아래는 저자가 비행
중 받은 수많은 칭송장 중 한 개이다.

07 객실승무원이 알아야 할 고객 서비스 명언

항공사 기내 서비스를 개선하자고 말하면 '돈이 없다', '사람이 없다', '무엇이 부족하다'고 말한다. 그렇다면 말해보라. 돈과 사람과 자원이 충분한 시기가 도대체 언제쯤 올 것인지를…

– 이라쿠니 / 사회 평론가

기내에서 항공사 서비스에 대해 항의하는 사람들은 하찮은 것을 가지고 흠잡는 사람들이 아니며, 오히려 구매자들을 대표하는 보다 광범위한 샘플이 되는 사람들이다.

– 아서 베스트 / 하버드 대학 교수

승객들은 자신의 말을 잘 들어주고, 자신만을 항상 생각하고, 미소를 잘 짓고, 감사합니다 라는 말을 할 줄 아는 다정한 승무원을 찾습니다.

– 콜린 바레트 / 사우스웨스트 항공사 부사장

항공사 객실승무원에게는 기내 서비스가 따르기 마련이고, 그것은 하나의 의무라고 할 수 있다. 그러나 그것을 단순히 의무라고 생각해서 마지못해 하려고 한다면 세상에 그것만큼 피곤한 일은 없을 것이다. 또한, 나만 피곤한 것이 아니라 승객에게도 그 "마지못해 함"이 자연히 전달되고 마는 것이다. 서비스란 상대방에게 기쁨을 주고, 또한 내게도 기쁨이 생기는 것이어야 한다. 기쁨을 주고 기뻐하는 그런 모습 가운데 진정한 기내 서비스가 존재할 수 있는 것이기 때문이다.

– 미쯔시티 코모노스께

우리들의 일은 비행기를 날게 하는 것이 아니라 승객들의 여행에 봉사하는 것이다.

– 얀 칼슨

고객만족은 '최소인자 결정의 법칙'이 적용되는 특성이 있다. 즉, 가장 열악한 기내 서비스가 당일 비행 기내 서비스의 전체를 결정짓는다. 고객을 상대하는 수많은 접점 중에서 가장 불량한 기내접점의 수준이 그 기업 전체의 고객만족을 대표하게 되는 것이다. 따라서 접점 하나 하나, 객실승무원 한 사람 한 사람이 최고의 고객만족을 이룰 수 있도록 안전과 서비스에 최선을 다해야 한다.

– 조관일 / '서비스에 승부를 걸어라' 중에서

서비스 회복(Recovery SVC)과 관련되어 명심해야 할 세 가지 규칙이 있다.
① 애초에 잘하고, ② 만약 잘못될 경우 바로 고칠 것이며, ③ 명심하라. 세번째 기회는 없다.

– 레너드 베리 / 텍사스 A&M 대학 마케팅 교수

국내 항공사 승무원들이 제일 하기 어려운 4가지 기본 행동
1. 승객의 눈을 보라.
2. 승객을 향해 미소 지어라.
3. 승객과 대화를 나누어라.
4. 승객에게 감사의 표시를 하라.

– 주위 / 승객들의 표현

08 실제 고객 칭송/불만 사례(고객이 작성한 원문 수정 없이 게시함)

 고객칭송 - 1

지난 2015년 6월 ○○일 서울발 뉴욕행 기내에서 겪었던 잊지못할 추억이 있어 고마움을 표시하고자 합니다. 우리 부부는 대학교 교수직을 정년으로 끝내고 오래간만에 필라델피아에서 지난 세월을 회상하는 조용한 시간을 보내기 위해 ○○○ 비행기를 이용하여 날아가고 있었습니다. 저의 아내는 조용한 시간에 책을 읽는 습관이 있는데, 마침 안경을 착용하고 책을 읽다가 물을 가지러 가려고 일어나 승무원 써비스 룸에 갔다오는 짧은 통로 사이에서 안경이 없어진 것을 알게 되었습니다.

아마 떨어뜨렸겠지요. 그러나 아무리 찾아보았지만 안경을 찾을 수가 없었답니다. 안경이 걸어다닐 리도 없는데… 하도 답답해서 승무원(나중에 알아보니 ○○○ 승무원이었네요)에게 이 사실을 말하고 혹시 찾을 수 있을지… 하고 얘기를 하였습니다. 그 승우원은 바쁜 써비스 일을 끝내고 손전등을 들고 찾아와서는 바닥에 엎드려 좌석 이곳 저곳을 샅샅이 찾아보았지만 찾을 수가 없었습니다. 멋있는 승무원복을 입은 정말 잘생긴 젊은 미스터 조가 아무런 주저함 없이 웃음을 잊지 않은채 좌석 바닥을 훑어 보는 그 모습이 안스러울 정도로 고맙고 미안하기만 한 상황이었음을 잘 그려볼 수 있지 않을까요! 그러나 사라진 안경을 돌아오지 않고… 하여튼 늙은 할머니(?)의 부주으로 이런 고생을 시켰으니… 조금 있으니까 미스터 조가 기내 비치용 안경을 들고 다시 찾아와서는 "저도 안경을 끼는데… 안경이 없어졌으니 얼마나 불편하시겠어요. 미국에서 다시 안경을 맞추시기도 힘 들터이니 이 안경을 가지고 가셔서 쓰시고 귀국하실 때 아무 승무원에게 돌려 주시면 됩니다."라고 말하고는 꼭 친 부모에게 대하듯 씩 웃었답니다. 아무리 승무원이지만 이렇게 예의 바르고 다정한 심성을 지닌 젊은이가 있다니 믿어지지가 않을 정도이었습니다.

사실 13시간이 넘는 장시간 운행에서의 힘든 여정에도 불구하고 가정같은 따스함이 넘치도록 승객을 잘 돌보아주는 여성 승무원의 아름다운 모습에 넋을 잃고 쳐다보고 있었지만, 이번 에피소드로 인해 남성 승무원의 믿음직스런 따스함이 이처럼 귀하고 아름다울 수가 있구나 하고 새삼 느낄 수 있었답니다. 그동안 여러 국적의 비행기를 타고 여행하면서 우리 한국 국적기의 승무원들이 가장 멋지다고 느끼고 잇었지만, 이번 남성 승무원, 특히 ○○○씨가 베풀어준 친절과 성의는 정말 오래오래 남을 아름다운 추억을 간직하게 해주었습니다. 정말 고맙고 따스함이 가득한 자랑스런 모습이었음을 이 짧은 메모로 남겨두고 싶습니다. ○○○씨! 정말 고맙습니다.

비행기를 이용한 명예교수 부부가 드립니다.

고객칭송 - 2

2015년 12월 ○○일 하와이에서 인천으로 오는 ○○○편을 이용하였습니다. 혼자 가는 것도 편하지는 않은 장거리인데, 조카 결혼식에 방문하기 위해 연세가 많으신 어머니도 함께 모시고 가야 해서 사실 조금은 부담스러운 여행길이었습니다. 피부암 말기신데 손녀딸 결혼식 때문에 수술도 받지 않으신 상태로 먼 여정에 나서신 터라 걱정도 많이 되는 게 솔직한 가족들의 마음이었습니다. 그런데 엎친 데 덮친 격으로 출국 하루 전날, 어머니께서 넘어지셔서 정상컨디션에도 힘든 먼 거리를 다리를 다친 채 시작하게 되었습니다. 공항에 도착해서 체크인 하는 순간부터 긴 비행시간 동안 어머니가 괜찮으실지, 또 저 역시 어머니를 어떻게 돌봐드리며 와야 할지 걱정이 많이 되기 시작하였습니다.

그러나 탑승하는 순간부터 저의 이 걱정스럽고 무거운 마음이 조금씩 가벼워지기 시작하였는데 바로 ○○○ 승무원 때문이었습니다. 연세가 많으신 어머니가 절뚝거리며 탑승하시는 걸 보고와서 부축해 드리며 좌석이 어디인지 안내를 해주셨습니다. 그리고 리모컨이나 모니터를 사용하는 법을 잘 모르는 어머니께 작동법도 간단히 설명해주면서, 도움이 필요하실 때 이 버튼을 누르면 된다며 알려주며 조금이라도 불편하시거나 몸 상태가 안 좋아지시면 버튼을 눌러 말씀해 달라고 하셨습니다. 그리고 저희가 일행인걸알고는 가까운 화장실을 알려 주시며 화장실 가실때나 이동이 필요하실 때 도움이 필요하면 바로바로 알려달라고 하셨습니다.

이렇게 먼저 적극적으로 다가와 주신 덕분에 저는 저희 어머니께서 여행 중 다치셨으며, 긴 장거리 여행을 잘 버티실지 걱정이라고 속을 털어 놓을 수 있었습니다. 다치셨다는 이야기 털어놓고 도움이 필요할 때 도와주겠다는 답변을 들은 것 만으로도 저는 감사했는데… 더 감동적이고 고마웠던 점은, 어머니께서 아프시다는 이야기를 들으시더니 여행이 너무 힘드시겠다고 같이 공감해 주시며, 좀 더 편안하게 가실 수 있도록 빈자리가 나란히 있는 곳을 알아봐 주신 것이었습니다. 좁은 이코노미석 에서 다리를 다친 채 앉아서 가셔야하는 어머니 때문에 마음이 아팠는데, 여유좌석에서 다친 다리를 펴고 갈 수 있게 도와 주신점도 너무너무 감사했습니다. 그리고 여유 좌석으로 가셔서 저희와 자리가 약간 떨어져 앉아가시는 어머니의 상태를 수시로 체크 해주시고, 저에게 와서 어머니는 식사는 무엇을 얼마나 잡수셨고, 지금은 뭘 하고 계시고 상태는 어떠신지 수시로 이야기 해주신 점이 정말 어떻게 감사하다고 해야 할지 모를 정도입니다. 다행히 이런 관심과 도움으로 어머니는 비행 중에 더 악화되시지 않으시고 서울까지 잘 도착 할 수 있었습니다.

그리고 내리기 전에 걸어 나가 실 수는 있는지 휠체어가 필요하시 진 않은지도 물어봐 준 점… 우리가 비행기를 내리는 순간 까지도 생각해준 그 배려 깊은 질문 하나에 정말 너무 고마움을 느끼지 않을 수가 없었습니다. 여행이 끝나고 어머니와 집에 가는 길에 들은 이야기인데 자다가 일어나서 앉아있으니 그 이쁜 아가씨가 와서 영화도 틀어주고 간식거리도 챙겨주고 몸은 괜찮은지 물어봐 주었다며 너무너무 편하고 고맙게 잘 왔다고 하시는 거였습니다.

  사실 그 날 그 여행길에 도움이 필요할 때 승무원 분께 도와달라고 이야기하는 것은 어렵지 않았을 겁니다. 그러나 그 날 ○○○ 승무원이 처음부터 저에게 먼저 다가와 상황을 이해하고 공감하며 저에게 해 준 것은 도움을 넘어서 감동, 그 자체였습니다. 딸인 저도 고생스러우리라 겁부터 먹었던 그 여행길을, 처음 부터 끝까지 너무너무 진심을 담아 대해준 ○○○ 승무원에게 감사하다고 제대로 이야기도 못한 것 같아 이렇게 글을 씁니다. 이번 여행을 계기로 정말 대한항공이 이래서 최고구나 하고 다시 한번 느꼈습니다. 가족들 친척들 모두 너무 감사한 마음으로 기분 좋게 잘 왔구요.^^ 다시 한번 감사합니다.

고객칭송 – 3

  전 2013년 1월 ○○○편으로 두 아이와 와이프를 뉴질랜드 오클랜드로 보낸 아빠입니다.

  그 동안 회사일이 바쁘고 더불어 가족의 뉴질랜드 정착 때문에 이것저것 도와주다 보니 이제야 글을 쓰게 되네요.

  저는 회사에서 일을하고 아이들과 아내만 비행기에 태워 뉴질랜드로 보냈습니다.

  그렇습니다.기러기가 되었습니다. 비행기가 오클랜드에 잘 도착해서 입국수속까지 잘 마치기를 새해 첫날부터 기도했습니다.

  저 없이는 3명이 떠나는 여행은 처음인지라 걱정을 많이 하고 기도도 많이 했는데 도착 후 아내와 통화 한 후에 다행히 잘 도착 하였음을 듣고 감사한 마음을 글로 몇자 적으리라 생각했습니다.

  아내는 오클랜드 가기 전부터 입국 심사 때 필요한 서류를 적어야 하는 일에 많은 부담을 느꼈습니다. (출발전에 제가 더 걱정이 앞섰습니다. 여기저기 알아보니 입국이 거절되는 사례도 많이 있구해서. 또 사전에 학생비자를 못받고 학교에 입학허가만 받고 가는 상황이었던지라…)

  인터넷도 찾아보고 준비할 일도 많은데 심적인 부담이 많이 되었었나 봅니다.

  비행기를 타자마자 승무원에게 입국 작성 서류를 달라고 하고 도와 달라고 했답니다.

  승무원이 입국작성 서류를 다쓰도록 안내 해주고 많은 질문에도 차분히 대답해주고 짐이많아 쩔쩔매었는데 비행기 도착해서 앞에까지 짐도 도와주고 하여 오클랜드갈때까지 그맘의 부담을 다덜었다며 아내가 너무 감사해 했습니다. 그리고 우리 작은애(딸네미)는 편도가 좀 안좋아서 건조한 곳에 있으면 붓고 열이 나기도 합니다.

  비행기 타고 초반에는 좋았었는데 중간쯤부터 목이 또 슬슬 안 좋아져서 엎드려도 보고 엄마한테 기대어도 보고 좀 고생했던 모양입니다 너무 많이 도와준 승무원들한테 그런 말까지 하기 미안했던터 였는데 지나가던 어떤 승무원이 먼저 와서 엎드려서 등을 쓰

담고있던 아내에게 먼저 아이가 어디 불편한가를 물었답니다.

건조하고 추워서인지 편도가 부은 것 같다고 했더니 담요도 더 가져다 주시고, 따뜻한 타월도 비행기가 건조하니까 숨쉴 때 대고 쉬라면서 주셨다고 하더라구요. 이전에 같은 증상일 때 주로 무엇을 먹었냐 무엇이 필요했냐면서 오클랜드 가는 내내 필요한것 이것 저것을 가져다 주시고 신경써 주셨다고 들었습니다.

사실 비행기 안에서도 바쁜일도 많고 사람도 많아 일일이 그렇게 고객을 돌아보기가 어려웠을텐데 말하지 않았는데도 먼저 찾아와 아픈 곳을 묻고 관심을 가지고 도움을 준다는게 얼마나 감사한 일입니까?

비록 함께 가지 못한 오클랜드 였지만 이렇게 든든한 귀사의 승무원들 덕분에 마치 가족이 비행기에 함께 탔던것 처럼 마음이 따뜻했습니다.

혹시나 다른 사람들이 보기 소소하고 작은 일일까요. 하지만 저와 제 가족에겐 이번 여행길이 0000항공이란 큰 회사의 그 동안 차가웠던 그 이미지가 따뜻하게 바뀐 아주 특별하고 고마운 경험이었습니다.

보이던 보이지 않던 본인들이 일하는 그 곳에서 최선을 다하고,고객을 아끼며,회사의 이미지까지 바꾸어 준 승무원들 다시 한번 감사드리고 꼭 칭찬 해 주십시오.

입국 심사 서류를 도와 주었던 ○○○ 승무원과 중간에 아이에게 도움을 준 ○○○ 승무원에게 아내와 아이들도 감사한 마음을 꼭 전해 달라고 이름을 알려 주었습니다.

올해는 제가 7월에(벌써 예약했음. 마일리지로요) 0000항공을 이용해서 식구들을 만나러 갑니다. 그리고 12월에 방학을 하면 식구들이 한국으로 들어 올 예정인데 그 때도 승객을 잘 챙겨주는 0000항공의 멋진 승무원들과 함께 돌아오기를 바랍니다. 정말 감사합니다.

2013년 2월 ○○일 잠실에서 ○○○ 올림

 고객불만 - 1

2015년 3월 싱가폴에서 인천공항으로 비행한 승객입니다. 승객관점에서 항공사가 수정해야될 사항이 몇가지 있어 서신을 보냅니다. 당시 탑승한 비행기에서 승무원이 승객 보는 앞에서 머리(뒤통수)긁었고 게다가 헤어 스프레이가 고루 뿌려지지 않아 떡진 듯한 모습이 역겨웠습니다. 설상가상으로 얼굴 긁는 모습도 보였으며 제가 일부러 보려고 한 게 아닌데 보였으니 너무 대놓고 긁은 것이 아닌가 싶었습니다.

당시 제가 앉아있던 열을 담당했던 승무원은 "치워 드리겠습니다" 또는 "정리해 드리겠습니다" 말을 무척 아꼈고 심지어 앞좌석 주머니에 넣어둔 땅콩봉지 쓰레기를 말없이 훅! 빼가서 깜짝 놀랐습니다. 오락 하느라 화면보고 있는데 옆에서 손이 쑥 들어오니 무척 놀랐고 게다가 스트리트 파이터 하던 중에 타이밍을 놓쳐 게임도 저서 무척 실망하고 있었습니다.

　그리고 그 담당 승무원은 주변 다름 사람들 서비스 할 때도 같은 모습이었으며 헤드폰 수거시에도 건네주는데 무표정하게 고맙다는 말도 없어 상당히 민망했습니다. 옆줄 보브 머리 승무원은 일일이 치워드리겠다. 고맙다는 말을 적절히 잘 섞어 쓰고 있었으며 굳이 보브머리 서비스인이 아니어도 사회생활하는 사람이라면 당연히 써야하는 말을 안하니… 내가 참 민망했네요.

　귀국하는 밤비행이라면 누구도 무표정한 승무원 모습을 보고싶지 않을 듯 하네여…

 고객불만 – 2

　2015년 10월 부모님과 처음으로 패키지 여행 및 친지방문 겸으로 미국을 다녀왔습니다. 우선 불만사항 및 제안을 순서대로 말씀 드리겠습니다.

1. 식사소개 탑승한 비행편 점심 메뉴가 소고기,치킨,비빔밥 이었습니다. 주로 식사를 주실 때 소고기 요리는 무엇이며, 치킨 요리는 무엇인지 친절히 설명을 해주시고 주시는데 이번에는 아니었습니다.

　승무원 : 소고기, 치킨, 비빔밥있습니다. 무엇을 드릴까요?

　나 : 소고기는 정확히 무슨 요리인지, 찜인지 볶음요리인지요? 메뉴가 구성이 어떻게 되어있는지.

　승무원 : (황당하다는 표정으로 도중에 말을 끊고) 소고기는 소고기 요리이구요. 치킨은 치킨입니다.

　나 : 아니요 정확한 메뉴구성이 어떻게 되냐구요.

　여기서 어머니가 제 기분을 눈치채고 그냥 비빔밥으로 3개 달라고 하여 1단락 되었습니다. 참고로 엉성한 메뉴소개는 저녁 식사에도 그대로 이어졌습니다. 제가 너무 황당해서 컴플레인하려다가 어머니가 가족여행이니 좋게좋게 마무리하자고 눌러서 그냥 참고 왔으나 아직 생각해도 어처구니가 없네요. 한국인이 아니라 외국인이 메뉴 구성을 물어봤을 때 저렇게 소개한다면 과연 누가 굳이 다른 항공사 놔두고 ○○○항공을 탈 지 진짜 의문입니다. 당시좌석에서 점심메뉴 응대한 승무원은 진짜 다시 교육 받을 것을 제안합니다.

2. 고객 응대 요청할 때마다 응대가 최악이었습니다. 이 부분이 제일 기분 나빴습니다. 우선 무엇을 요청하면 대답이 없습니다. '콜라 좀 주시겠어요?' '따뜻한 물수건 하나만 더 주시겠어요?' 그러면 들었다는 표시나 뭐 '알겠다'는 대답이 있어야 하는거 아닌가요? 대답없는 무표정으로 버튼만 누르고 그냥 휙 가는건 예시입니다. 다른 고객 응대로 인해서 시간이 늦어져도 얘기라도 해주면 덜 기다릴텐데 한번 요청하면 '함흥차사'입니

다. 늦어도 늦어져서 미안하단말도 없습니다. 저보다 늦게 음료 요청한 손님에게 먼저 가져다 주는건 여러번 이었구요. 식사시간에도 메뉴부터 묻지 말던가요 메뉴만 물어보고는 갑자기 딴데 가서 오지도 않습니다. (제 식사메뉴를 다른 카트에서 가지러 오는 게 아니라 다른 일로 여러번 왔다갔다 했습니다.) 여태 만석인 비행기 여러번 탔지만 이렇게 함흥차사인건 처음입니다. 처음으로 그냥 다른 항공사 탈걸하고 후회했습니다.

3. 소음 문제 제 자리가 ○○G였습니다. 바로 뒤에가 승무원이 음식을 준비하는 코너였던 것 같습니다. 아니 그런데 무슨 그런 필요 없는 소음이 많지요? 무언가를 빼고 닫고 하는 소음도 너무 심했구요. 승무원 사이에 대화도 심했습니다. '언니 언니 식사 나갈게요' '언니!! 그거 제가 했어요' 대체적으로 손발이 안 맞아 보였습니다.

4. 기본 사항 1) 우선은 승무원끼리 '언니언니'하고 부르는 건 비행기타고 처음들었습니다. 물론 가까운 사이라면 그렇게 부를 수 있지만 전문성이 없게 느껴졌습니다. 요즘은 원래 언니라고들 부르나요? 2) 화장실 청결상태 몇 시간만에 청소를 하시는지 궁금합니다. 4시간마다 한번씩 갈때마다 더러운 건 그대로였습니다. 누가 세면대에서 실례를 했음에도 4시간 뒤에 그대로 있었습니다. 결국 더럽다고 말씀드렸더니 청소를 했습니다. 3) 표정 저도 서비스직을 2년 넘게 해오고 있기에 13시간 비행기 내내 고객을 응대하는 게 여간 보통 일이 아니란 걸 알고 있습니다. 하지만 비행 시작부터 대개의 승무원들은 벌써부터 지쳐 있더라구요. 제가 과민 반응인가 객관적으로 생각해보아도 어제 비행은 정말 최악이었습니다. 오죽했으면 여행다녀온 바로 다음날 아침에 이렇게 남길 생각을 했을까요.

꼭 개선 부탁드립니다

 고객불만 - 3

　　2016년 1월 한국에서 뉴욕으로 오는 비행기 안에서 조금 납득하기 어려운 상황을 13시간 보면서 화가 나기보단 조금 더 나은 방법이 없었는지 하는 생각에 이렇게 메일 보냅니다. 저 또한 서비스 직종에 몸 담고 있고 이쪽 계통에서 매니저로 근무한지 5년이 되어서 이런 컴플레인 이메일이 얼마나 큰 효과가 있을진 모르겠습니다만, 비상구 좌석이었고 세 좌석 중 중간이었죠. 제가 좌측, 우측 좌석 손님보다 먼저 비행기에 탑승하게 되어 기내용 캐리어를 위에 올려놓고 앉아있는데 승무원이 와서 백팩도 함께 위에 올려 놓으셔야 할 것 같다고 하시더군요.

　　비상구 좌석이라서 그렇다고 해서 흔쾌히 알았다고 해서 올리는데 승무원이 저에게 랜딩 후 다시 꺼내실 수 있다고 친절히 말씀해주셨습니다. 전 감사합니다 하고 자리에 앉아 비상 안내문을 읽고 있는데 좌측, 우측 손님들께서 자리에 앉으시고 그분들의 짐을 위에 올리셨고 좌측에 계시는 분도 저와 같이 백이 있어서 똑같이 승무원이 와서 위로 올려 달라고 하셔서 앞쪽 자리에 올리는걸 보았습니다. 랜딩 후, 저녁식사를 좀 일찍 끝냈는데 저와 우측에 앉아 계시는 분도 일찍 끝난터라 지나다니는 승무원들을 지켜보며 앉아있었어요.

물론! 그 승무원 분들은 우리가 식사를 끝났음에도 불구하고 눈을 몇번을 마주쳐도 그냥 지나치시더라구요. 옆에 앉아계시는 분이 안되겠는지 그냥 바닥에 놓고 일어나셨어요. 저도 화장실을 이용하고 싶었던지라 바닥에 놓고 일어났는데 한 승무원이 오더니… 음!! 이러시더니 가지고 가시더라구요.

죄송한 것보다 속으로 그러길래 커먼센스 있으심 그 전에 가지고 가셨음 얼마나 좋았나 싶었어요. 제가 가방을 꺼내려고 위에 문을 열었는데 제가 알기로는 위에 수납을 그렇게 꽉차게 할 수 있나요? 혹시라도 랜딩할때 그 문이 열리면 어쩌나 싶을 정도로 꽉 차있었는데 제 가방을 잘 꺼낸다고 했던 게 옆에 꾸겨져 있던 점퍼가 뚝 떨어졌어요. 한국 분인줄 알았지만 중국분이어서 급하게 영어로 미안하다 너 괜찮냐 진짜 미안해 라고 사과를 하고 있을 때쯤 승무원 두 명이 오더니만 그 중국분에게 사과하더니 점퍼 주인을 바로 찾더라구요. Excuse me??? 네! 제가 가방을 꺼내려다 꽉 차있는 수납칸에서 점퍼를 떨어트렸죠. 그리고선 이거 누구 점퍼냐고 여쭤보시더라구요.

제 좌측에 앉아계시던 분이 자기꺼라고 하셔서 제가 바로 가서 죄송하다고 했죠. 이물질이 좀 묻었었는지 나이좀 들은 승무원이 호들갑을 떨면서 너무 죄송하다고… 글쎄요. 떨어뜨린 제 잘못은 했지만 그 상황에서 황당한 것도 저인데 그 분 호들갑 떨면서 나이 꽤 있어보이셔서 부담스러웠지만… 제 옆에 분에게 너무 그러시더라구요. 저는 당연히 안중에도 없으시고. 뭐 니가 잘못한건데 우리가 수습하니까 뭐 이런 건가요? 내 참 기분이 한참 나빠서 와인 두잔 마시고 자려고 했습니다. 근데 중간에 부시럭 부시럭 말소리가 들려서 눈을 떠보니 그 아까 나이들은 승무원이 비즈니스에서 가져왔는지 그 점퍼 갖은 분에게 접시에 담긴 과일을 가져다 주시더라구요. 전 또 생각했죠! 전 가는 내내 죄인 마냥 얼마나 불편했는지 아세요? 그리고 저도 영어가 완벽하진 못하지만 영어 기내문 읽는거 좀 교육 좀 더 시켜주세요. 한국 사람이 대부분이었지만 영어기내문 진짜 들으면서 한숨이 나오더라구요. 그리고 승무원이 다른 외국 손님에게 Do you want~?이라고 하던데 서비스 직종에서 저 문장보다 Would you like~?가 맞는거 같네요. 몇몇 분이 그렇게 손님에게 물어보시던데요.

일년에 한번 한국에 나가고 미국에선 두번 정도 국내 여행을 가는 한 고객이지만 이번 비행에 너무 실망스러웠습니다.

출/도착
서류 작성
관리하기

항공기 출/도착 서류 점검

Chapter

04

출/도착
서류 작성
관리하기

수행 준거

- 객실 서비스 및 객실 안전 규정에 따라 항공기 출발에 필요한 각종 서류의 수량, 종류 등을 점검할 수 있다.
- 객실 서비스 및 객실 안전 규정에 따라 도착지 국가별 요구사항에 따라 입국에 필요한 서류를 요청할 수 있다.
- 비행 중. 발생한 기내 안전 및 서비스 설비에 대한 특이사항을 기록할 수 있다.
- 항공기 도착 전. 지상직원에게 인계해 줄 서류의 이상 유무를 점검할 수 있다.
- 항공기 도착시. 지상직원에게 객실 운항 관련 서류를 인계할 수 있다.

항공기 출/도착 서류 점검

항공기가 출/도착하기 위해 적지 않은 서류가 필요하며, 이러한 서류는 지금까지 보아왔던 여러 서류와는 상당히 차이가 있으므로 자주 학습하고 눈으로 익혀야 할 필요성이 있다.

항공기 출/입국에 필요한 서류의 종류와 출/도착 서류 점검절차 순서는 다음과 같다.

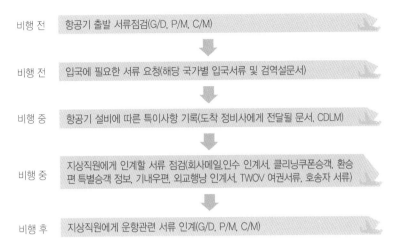

비행 전	항공기 출발 서류점검(G/D, P/M, C/M)
비행 전	입국에 필요한 서류 요청(해당 국가별 입국서류 및 검역설문서)
비행 중	항공기 설비에 따른 특이사항 기록(도착 정비사에게 전달될 문서, CDLM)
비행 중	지상직원에게 인계할 서류 점검(회사메일,인수 인계서, 클리닝쿠폰승객, 환승편 특별승객 정보, 기내우편, 외교행낭 인계서, TWOV 여권서류, 호송자 서류)
비행 후	지상직원에게 운항관련 서류 인계(G/D, P/M, C/M)

1. G/D(General Declaration : 항공기 입항/출항 허가서 및 승무원 명단)

승무원 명단과 항공기 검역에 관계된 서류로서 항공기 운항에 필수적인 서류이며, 항공기 출항허가를 받기 위해 공항기관에 제출하는 서류의 일종이다. G/D에는 승무원의 이름과 직급이 기록되어 있으며, 항공편의 일반적 사항 및 검역관련 특이사항을 하단에 기록할 수 있다. 일반적으로 우측 하단이나 공간에 '출항허가' 스탬프를 찍어서 기내로 전달한다.

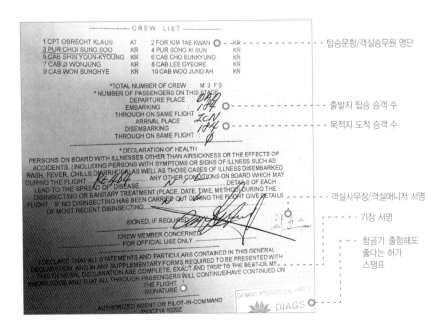

2. P/M(Passenger Manifest)

승객명단을 말하며, 영어이름과 성별, 국적, 탑승 수속순서, 클래스, 좌석번호가 기재되어 있고 개인정보 보호를 위해 승객의 연락처는 기록되어 있지 않다. 영어로 작성되어 있다.(탑

승객 정보가 담겨 있어 형태만 학습하기 바란다)

3. C/M(Cargo Manifest)

당 항공기 화물칸에 탑재되어 있는 화물적하목록을 말하며, 항공기에 탑재된 화물의 상세한 내역을 나타내는 서류이다. 화물의 출발지, 목적지, 화물 송달인, 화물 수령인, 개수, 중량, 품목이 기록되어 있다. 이 서류가 없으면 목적지에서 화물이 화물주인에게 전달되지 않으므로 세심한 관리가 필요한 서류 묶음이다.

4. 검역 설문서(HEALTH QUESTIONNAIRE)

동남아 위생취약 국가에서 출발한 항공기를 탑승한 경우 인천국제공항에 도착 후 항공기 문을 열자마자 검역관이 대기하고 있으며 검역관의 요구시 제출하는 서류이다. 항공기 도착 후 승객 하기 및 인수인계 시점이 객실승무원에게는 상당히 바쁜 시점인지라 검역설문서를 깜빡 잊어버리는 경우가 많이 발생하니 비행 중 기작성한 검역 설문서는 눈에 잘띄는 곳에 보관하여야 한다.

항공기가 오염지역/위생취약지역에서 출발할 경우 객실승무원과 운항승무원도 건강상태 질문서를 작성해야 하며 최근에는 왼쪽 사진과 같이 객실사무장/캐빈매니저가 일괄적으로 작성하지 않고 개인별로 작성하는 것을 원칙으로 한다.

5. Purser's FLT REPORT

비행 중 특이/특별승객, 기내 설비 이상, 환자 발생, 기내 서비스용품 재고 등 다음 팀에게 인계할 사항을 적어 인계하는 서류(객실사무장/캐빈매니저가 작성한다)

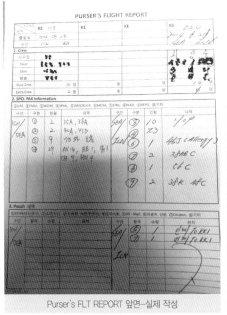

Purser's FLT REPORT 앞면—실제 작성

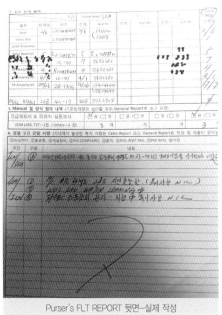

Purser's FLT REPORT 뒷면—실제 작성

✈ Purser's FLT REPORT(앞면) - 견본

Purser's Flight Report

내역\FLT NO	KE	KE	KE	KE
출발일				
구간				

1. Crew

사무장				
Taser				
Sales				
방송				
Duty Crew	명	명	명	명
Extra Crew	명	명	명	명

2. SPCL PAX INFO

① UM, ② FML, ③ WCHR, ④ SPML, ⑤ VIP/CIP/KIP, ⑥ MEDA, ⑦ STRC, ⑧ INAD, ⑨ DEPO, ⑩ 기타							
구간	구분	인원	내역	구간	구분	인원	내역

3. Pouch 내역

① SKY PASS 신청서, ② 고객서신, ③ 귀국편 사전주문서, ④ 입국서류, ⑤ CO-Mail, ⑥ 라운지 신문, ⑦ Coupon, ⑧ 기타							
구간	품목	수량	위치	구간	품목	수량	위치

✈ Purser's FLT REPORT(뒷면) - 견본

4. 인수인계 품목

품목	탑재량	위치	구간 Home Base/ 잔량	Seal No	/ 잔량	Seal No	/ 잔량	Seal No	Home Base 인계량
Taser									
Video Box									
Child Giveaway									
Baby Bassinet									
FR 편의복									
FR Headphone									
FR Amenity Kit									
PR Amenity Kit									

5. Manual 및 양식 탑재 내역 |기준탑재량과 상이할 경우, General Report로 보고 요망|

긴급체포서 & 피의자 심문조서	□ 유 / □ 무	□ 유 / □ 무	□ 유 / □ 무	□ 유 / □ 무
COM(AB3, 737-2권/Others-3권)	개	개	개	개

6. 연결 구간 전달 사항 |기내에서 발생한 특기 사항은 Cabin Report 또는 General Report로 작성 및 제출이 원칙임|

① DLA/DVT, ② 발송품, ③ 객실정비, ④ PAX COMPLAINT, ⑤ 환자, ⑥ SPCL RQST PAX, ⑦ PAX INFO, ⑧ 기타

구간	구분	내 용

Chapter

05

객실 서비스
관리하기

1. 스페셜밀(Special meal) 정의 및 관리

2. 스페셜밀의 종류

3. Special Meal이 탑재되지 않았을 경우 조치방법

4. 기내 질서유지

5. 화장실 청결유지 및 비행 중 발생하는 안전 및 환자관리

6. 기내 소음관리(In Flight Noise Management)

Chapter

05

객실 서비스
관리하기

- 승무원 근무 규정에 따라 스페셜 식사는 객실사무장이 직접 제공하면서 오전달이나 누락이 발생하지 않도록 재확인할 수 있다.
- 객실 서비스 규정에 따라 비행 중 기내 질서유지 및 쾌적한 휴식 환경 조성을 위해 단체승객에 의한 소란, 소음 등을 항시 점검할 수 있다.
- 객실 서비스 규정에 의해 화장실 청결 상태를 확인하며 비행 중에 발생할 수 있는 안전과 환자 발생에 대한 안전사항을 점검할 수 있다.
- 승무원 근무 규정에 따라 기내 소음에 대한 관리를 할 수 있다.
- 조리실(Galley) 내에서 작업시, 통로(Aisle)를 걸어 다닐 때, 승무원들 간의 대화, 컴파트먼트(Compartment), 카트(Cart), 캐리어박스(Carrier Box) 등의 문을 열고 닫을 때, 객실 수화물 선반(Overhead Bin)의 손잡이를 열고 닫을 때 등 승무원을 관리 감독할 수 있다.

01 스페셜밀(Special meal) 정의 및 관리

Special Meal이란 건강과 종교상의 이유나 기념일 축하를 위해 항공 예약시 특별히 주문하여 객실에 탑재, 서비스되는 식사로서 SHR/SSR(Special Handling Request, 기내 특별한 주문 및 승객사항을 기록하여 객실승무원이 참고로 하는 문서로서 비행이 종료되면 개인정보 보호 위해 파기함)에 약어로 등재된다. 객실승무원은 담당구역의 스페셜밀 주문승객에 대해 정확히 알고 있어야 하며, 탑재 및 기내 서비스에 문제가 발생하면 객실사무장/캐빈매니저에게 즉시 보고하여야 한다.

♠ 스페셜 밀(Special meal) 탑재 / 기내 서비스 방법

- Meal 탑재점검 승무원과 케이터링 직원 간의 스페셜밀 인수인계

- 담당승무원은 인수한 스페셜밀의 수량 및 품목을 객실사무장/캐빈매니저에게 보고

- 객실사무장/캐빈매니저는 항공기 출입문 닫기 전 SHR(Special Handling Request), SSR의 내역과 실제 탑재내역 조회(SHR/SSR은 동일한 서류이며 항공사별로 명칭이 다름)

- 항공기 이륙 후 객실 서비스 시작 전 갤리 브리핑시 스페셜밀의 내용 및 수량, 승객 좌석번호 재확인

- 기내 서비스 전 담당승무원이 스페셜밀 스티커를 헤드레스트 커버(Headrest Cover)와 스페셜밀 트레이(Special Meal Tray) 위에 부착한다.

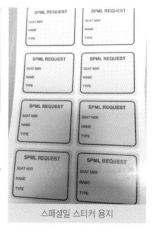

이렇게 붙인다.

스페셜밀 스티커 용지

- 기내 서비스시 스페셜밀(Special meal)은 일반 승객식사에 비해 우선하여 객실사무장이 직접 제공하는 것이 원칙이나, 스페셜밀(Special meal)의 숫자가 많아 서비스가 지연될 경우 다른 승무원과 분담해서 제공한다.

  이때 객실사무장/캐빈매니저는 스페셜밀(Special meal)이 오전달이나 누락되지 않도록 서비스 후 재확인해야 한다.

- 스페셜밀(Special meal)이 탑재되지 않았을 경우 대체음식은 승객이 선택한 음식에 한해 안내하며 승무원이 임의로 조리하지 않는다.

- 기내에서는 승객이 소지한 음식 취식을 금하고 있으나 스페셜밀(Special meal)을 주문한 승객의 식사가 탑재되지 않은 경우와 항공사에서 제공하는 스페셜밀을 취식하지 못하는 경우에 한해 승객이 소지한 음식을 취식할 수 있다.

- 비행 중 다음 구간에 스페셜밀을 제공받기 원하는 승객은 객실사무장/캐빈매니저가 아래의 기내 양식(Passenger's Information Sheet)에 기록하여 도착 후 지상직원에게 인계한다.

☑ **다음 연결 구간 Special meal 요청 위한 서류**(Passenser Information Sheet)

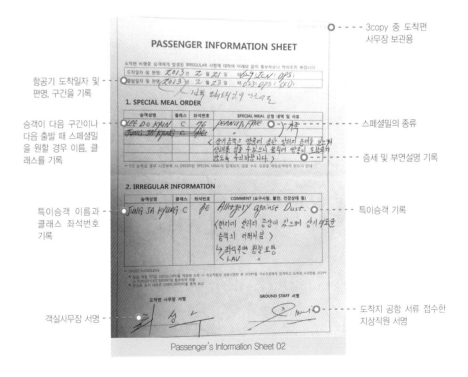

항공기 도착일자 및 편명, 구간을 기록

승객이 다음 구간이나 다음 출발 때 스페셜밀을 원할 경우 이름, 클래스, 원하는 스페셜밀 내용을 기록

환승/다음 출발하는 날짜, 편명, 구간을 기록

승객의 특이사항을 기록한다. 해당 승객은 비행 중 기절했던 경험이 있으니 조심하라는 내용

해당편 객실사무장/ 캐빈 매니저 서명

본 문서를 인수한 지상직원 서명

Passenger's Information Sheet 01

3copy 중 도착편 사무장 보관용

항공기 도착일자 및 편명, 구간을 기록

승객이 다음 구간이나 다음 출발 때 스페셜밀을 원할 경우 이름, 클래스를 기록

스페셜밀의 종류

증세 및 부연설명 기록

특이승객 이름과 클래스 좌석번호 기록

특이승객 기록

객실사무장 서명

도착지 공항 서류 접수한 지상직원 서명

Passenger's Information Sheet 02

02 스페셜밀(Special meal)의 종류

(1) 영·유아식 및 아동을 위한 식사(Infant Meal, Baby Meal, Child Meal)

❶ Infant Meal(IFML)

태어난 후 12개월까지의 영아를 위한 식사로서 아기용 액상분유와 주스를 말한다. IFML의 구성은 액상분유 1병과 아기용 주스 1병이다.

❷ Baby Meal(BBML)

태어난 후 12~24개월까지의 유아를 위한 식사로서 아기용 주스와 소화되기 쉬운 음식을 삶아서 갈아놓은 형태를 말하며, 기제조된(Ready Made) 이유식을 말한다. BBML의 구성은 이유식 2병과 아기용 주스 1병이다.

대한항공에서 제공하는 유소아용 생수. 참 아름다운 글귀가 적혀 있으니 모두 한 번씩 읽어 보도록 하자.

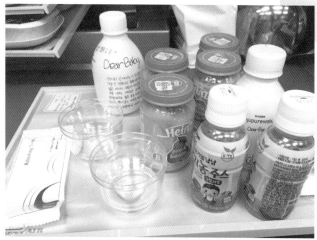

❸ Infant/Child Meal(ICML)

태어난 후 24개월 미만의 유아를 위한 식사를 말하며, 신체의 발육이 빨라서 어린이용 식사를 취식할 수 있는 경우에 제공한다.

식사의 내용은 CHML과 동일하다.

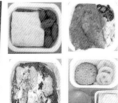

유아에게 소아식 제공
- Meal SVC 내용은 CHML과 동일
- 24개월 이하의 영유아에 해당하나 신체 발육이 빨라 CHML 취식이 가능한 경우, 해당 소아식 제공

❹ Child Meal(CHML)

만 2세 이상에서 만 12세 미만의 소아, 어린이를 위한 식사를 말한다.

한국 출발편에서는 햄버거, 스파게티, 오므라이스, 돈가스, 샌드위치, 김밥이 탑재되고, 외국공항 출발편에서는 햄버거, 스파게티, 핫도그, 피자, 샌드위치가 탑재된다.

제공 메뉴

- 정의

  만 2세 이상 12세 미만의 어린이 고객에게
  제공하는 어린이 메뉴

- 메뉴 종류

  - 한국 출발편 : Cycle 구분 없이 연간
    Hot Meal 4종 / Cold Meal 2종 운영
  - 해외 출발편(Meal Cycle 구별 없음)
    ICN 왕복 탑재 : 햄버거, 스파게티, 오므라
    이스, 돈가스
  - 현지 탑재 : 햄버거, 핫도그, 스파게티, 피자

아시아나항공사의 어린이 식사 Child Meal

(2) 종교식

종교식이란 특정한 종교를 믿는 승객을 위해 사전 예약 주문대로 제조하여 기내에 탑재된 기내식을 말한다.

❶ Hindu Meal(HNML)

비채식 인도인을 위한 식사로 소고기나 송아지 고기를 사용하지 않고 양고기, 가금류, 해산물과 생선을 사용하여 제조된 기내식을 말한다. 소고기, 송아지고기, 돼지고기, 날생선 및 훈제생선을 사용하지 않으나 양고기, 닭고기, 익힌 생선, 해산물, 우유제품은 사용한다.

❷ Moslem Meal(MOML)

이슬람의 회교율법에 따라 알코올, 돼지고기나 돼지의 부산물을 일체 사용하지 않고 제조된 기내식을 말한다. 무슬림의 할랄(HALAL) 방식으로 만들어지며 알코올, 돼지고기, 햄, 베이컨, 젤라틴이나 돼지의 부산물을 일체 사용하지 않고 쇠고기나 양고기, 닭고기를 할랄 방식에 따라 준비하여 사용한다.

> **할랄(HALAL)이란?**
> 과일·야채·곡류 등 모든 식물성 음식과 어류·어패류 등의 모든 해산물과 같이 이슬람 율법하에서 무슬림이 먹고 쓸 수 있도록 허용된 제품을 총칭하는 용어이다. 육류 중에서는 이슬람식 알라의 이름으로 도살된 고기(주로 염소고기·닭고기·쇠고기 등), 이를 원료로 한 화장품 등이 할랄 제품에 해당한다. 반면 술과 마약류처럼 정신을 흐리게 하는 것, 돼지고기·개·고양이 등의 동물, 자연사했거나 잔인하게 도살된 짐승의 고기 등과 같이 무슬림에게 금지된 음식을 '하람(haram)' 푸드라고 한다.

❸ Kosher Meal(KSML)

주로 이스라엘 국적 유대인 승객이 취
식하며 유대교 율법에 따라 조리하고
기도를 올린 것으로 돼지고기를 사용
하지 않고 소고기, 양고기를 사용하여
제조한다. 식기는 재사용하는 것을 금
지하고 있어 1회용 기물로 사용하고
Sealing이 되어 있다. 유대정교의 신앙
을 가진 승객을 위한 식사이며 유대교
고유의 전통의식을 치른 후 조리된 음
식이고 어느 항공사든지 완제품을 구
매하며 밀봉상태로 탑재하여 객실승

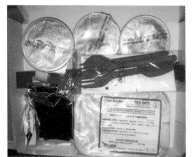

무원이 승객의 허락을 득하고 개봉하여 제공한다.

(3) 야채식[VGML : Vegetarian Meal]

특정한 종교나 지역의 승객들이 주로 이용하는 기내식으로 일반인이 보기에
제조 과정이 어렵게 되어 있고 내용물 및 이름도 특이하니 잘 파악해 두는 것이
필요하다.

❶ Vegetarian Vegan Meal(VGML)

육류, 어류, 동물성 지방, 젤라틴, 계란, 유제품, 꿀을 사용하지 않는 엄격
한 서양식 채식이며 일체
의 생선, 육류, 육가공품,
동물성 지방, 젤라틴을 사
용하지 않고 주로 곡류,
과일, 야채와 식물성 기름
을 이용하여 제조하는 기
내식을 말한다.

❷ Vegetarian Lacto-Ovo Meal⁽ⱽᴸᴹᴸ⁾

모든 육류, 생선류, 가
금류, 동물성 지방, 젤
라틴을 사용하지 않으
나 계란, 유제품은 포
함된 서양식
채식을 말
한다.

❸ Vegetarian Hindu Meal⁽ᴬⱽᴹᴸ⁾

생선, 가금류를 포함한 모든 육류와 계란을 사용하지 않으나 유제품은 사
용하여 제조된 기내식을 말한다. 따라서 모든 종류의 생선, 육류, 육가공
품, 동물성 지방, 계란은 사용되지 않는다.

❹ Vegetarian Jain Meal⁽ⱽᴶᴹᴸ⁾

모든 육류, 생선, 가금류, 유제품, 동물성 지
방, 계란 및 양파, 마늘, 생강 등의 뿌리식품
을 사용하지 않고 제조된 기내식을 말한다.
야채, 신선한 과일, 곡류, 콩류, 향신료, 시
리얼(Cereal), 두부는 사용 가능하다.

⑤ Vegetarian Oriental Meal(VOML)

생선류, 가금류를 포함한 모든 육류와 계란, 유제품을 포함하는 모든 동물

성 식품은 사용하지 않으나 야채, 신선한 과일을 사용하고 양파, 마늘, 생

강 등의 뿌리식품은 사용 가능한 중국식으로 제조한 동양식 채식이다.

⑥ Raw Vegetarian Meal(RVML)

카페인, 방부제, 중독성 가공식품을 사용하지 않고 생과일, 생야채를 사용

하여 제조한 기내식을 말하며, 생야채 채식주의자에게 제공하고 유제품과 빵

류는 취식 가능한 채식을 말한다.

(4) 건강 조절식

① Low Fat Meal(LFML)

콜레스테롤이 높은 고지방 육류, 계란, 농축된 육수, 갑각류 등을 사용하지

않고 저지방 육류, 생선 등을 사용하여 조리한 기내식을 말하며, 조리 시 기

름에 튀기거나 볶는 대신 찜이나 굽는 방법을 사용한다. 관상 심장질환, 고지혈증, 동맥경화증 환자를 위한 식사이며 지방 섭취량을 100g, 당 3g, 포화지방 섭취량 100g으로 제한한다. 고섬유질 빵과 시리얼, 과일, 채소는 함께 제공 가능하다.

❷ Diabetic Meal(DBML)

열량, 단백질, 지방 섭취량을 조절하고 식사시간에 따른 식사량을 배분해 주며 포화지방산의 섭취를 제한한 식사로 주로 당뇨병 있는 승객이 취식한다. 저지방 유제품, 정제되지 않은 곡류가 함유된 빵, 밥 및 시리얼 제품으로 구성되어 있고 껍질을 제거한 가금류, 육류 살코기, 고섬유질 음식은 취식 가능하다.

❸ Low Calorie Meal(LCML)

칼로리 제한 식사를 원하는 비만환자나 체중조절을 목적으로 열량을 제한한 기내식을 말하며, 한 끼당 400칼로리 미만의 저지방, 고섬유식 음식을 의미한다. 지방함량이 적은 육류, 저지방 유제품, 과일, 채소류를 제공하며 튀기는 조리법을 사용하지 않고 고지방의 디저트나 소스류를 제한하는 기내식을 말한다.

❹ Bland Meal(BLML)

유동식을 말하며 소화기능이 저하된 승객과 위장장애, 수술한 환자 승객에게 소화되기 쉽도록 만들어진 기내식을 말한다. 튀긴 음식, 강한 향신료, 가스를 유발할 수 있는 야채 및 기름기 많은 음식을 제한하나 껍질을 제거한 가금류, 육류살코기, 고섬유질 음식은 섭취 가능하다. 일반적으로 항공사에서는 죽을 제공하고 있다.

❺ Gluten Intolerant Meal(GFML)

식재료 내의 글루텐 함량을 엄격히 제한한 글루텐 민감성 환자를 위한 식사를 말하며, 글루텐 함량이 많은 밀, 보리, 호밀, 귀리, 맥아를 사용하지 않고 쌀, 감자, 고구마, 옥수수, 콩을 사용하여 제조한 기내식을 말한다. 두유, 유제품, 과일, 채소, 육류, 생선, 닭고기는 제공 가능하다.

⑥ Low Salt Meal(LSML)

간질환, 심장병, 신장병, 심혈관질환자 및 염분이 제한된 식사를 원하는 승객에게 제공하고 하루 염분 섭취를 100g당 120mg 이내로 제한한 식사를 말하며 훈제, 염장제품을 사용하지 않고 모든 소스도 염분량을 고려하여 제조된 기내식을 말한다. 토마토 케첩이나 머스터드 같은 제품도 아울러 제한하나 재료 내 염분량을 고려하여 허용범위 내에서 사용 가능하다.

⑦ Seafood Meal(SFML)

생선과 해산물을 재료로 하여 곡류, 야채, 과일이 함께 제공되는 기내식을 말하며, 주로 동남아시아 지역 승객이 주문한다.

⑧ Fruit Platter Meal(FPML)

신선한 과일로만 제조된 기내식을 말한다.

⑨ Anniversary Cake(SPMA)

지름 11cm의 기념케이크이며 생일, 허니문 등과 같이 특별한 날을 기념하
고 축하하기 위한 케이크를 말한다.

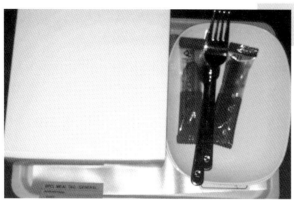

기내에 탑재된 SPMA-박스를 벗기면 작은 케이크가 들어 있음

허니문 케이크-인천/김포/부산/제주에서 출발시 제공,
지름 11cm

Birthday Cake-인천/김포/부산/제주에서 출발시 제공,
지름 11cm

Special Meal이 탑재되지 않았을 경우 조치방법

- 승객이 사전 주문한 Special Meal이 탑재되지 않았을 경우 담당 객실승무원은 승객에게 정중히 사과한 후 객실관리자/캐빈매니저에게 보고하여 추후 재사과할 수 있도록 한다.

- 객실승무원의 잘못으로 일반 승객에게 Special Meal이 오전달되었을 경우 승객 취식 전일 경우에는 Special Meal을 즉시 회수하고 일반 식사로 제공한다. 승객이 보는 앞에서 회수한 Special Meal을 원래 주문한 승객에게 다시 재전달하지 않고 사과와 함께 가장 비슷한 대체 식사를 고려해 보아야 한다.

- 예약한 승객의 Special Meal이 탑재되지 않았을 경우에는 승객의 양해를 구하고 의향을 물어보아 가장 비슷한 대체 식사를 제공하여야 하며, 중간 기착지에서 환승할 경우 사전에 연락하여 다음 구간에서 정확히 탑재될 수 있도록 해야 한다.

- 권유 가능한 대체 음식을 권유하되, 승객이 선택한 음식에 한해 제공하며 객실승무원 임의대로 조리 및 가공하지 않는다.

 종교식, 야채식, 식사조절식의 경우 소스, 드레싱, ready made 식품은 현장에서 원재료의 성분 파악이 용이하지 않으므로 권유 지양. 소스, 드레싱은 lemon wedge, slice로 대체 권유 가능

영유아식과 아동식이 탑재되지 않았을 경우

① 양념이 강하지 않고 부드러운 질감의 주요리, 빵, 과일 및 Dessert, 주스류 권유
② 생후 12개월 미만의 영아에게는 생우유를 권하지 않도록 주의

종교식이 탑재되지 않았을 경우

① HNML : 쇠고기(송아지고기 포함), 돼지고기, 날 생선 및 훈제 생선 취식 불가
금기 식재료를 제외한 음식물을 준비하되, 내용물을 소개하며 권유
ICN-BOM-ICN 노선에서 탑재되는 현지식(인도식)은 HNML로 제공 가능

② MOML : 원칙적으로 회교 율법에 따라 제조된 기내식만 취식 가능하며 돼지고기 및 부산물, 알코올 취식 불가

　　　　CAI, DXB, IST, CGK, DPS, KUL에서 탑재된 양식은 MOML로 제공 가능

③ KSML : 유대교 율법에 따라 제조된 기내식(KSML)이 없는 경우 대체 가능 식사는 없으며, 조심스럽게 일반식에 대한 안내를 하고 취식 의사를 파악하여 요청에 따라 제공

참고

ICN : 인천
BOM : 인도 뭄바이
CAI : 카이로
DXB : 두바이
IST : 이스탄불
CGR : 자카르타
DPS : 발리
KUL : 쿠알라룸푸르

야채식이 탑재되지 않았을 경우

① 뿌리채소(양파, 마늘, 생강, 당근), 유제품, 계란의 취식 여부를 대화를 통해 우선 파악 필요

② 승객과의 대화를 통해 파악한 것 중, 기내에서 확보 가능한 음식(채소, 과일류 위주)을 권유

식사조절식이 탑재되지 않았을 경우

① 개인의 건강 상태에 따라 식이조절을 해야 하는 경우로서 대체 기내식 준비가 어려움

② 채소, 과일류 위주의 식품을 우선 안내하되, 반드시 승객의 선택에 따라서만 제공

기타 특별식이 탑재되지 않았을 경우

① 특별식 주문 내용과 목적 우선 파악(기념, 축하 등)

② 누락된 SPML의 주문 목적에 맞는 대체 식사 및 서비스 제공(샴페인, 케이크 등)

04 기내 질서유지

객실승무원은 전자기기 사용, 만취, 흡연, 폭행, 단체난동, 단체승객의 무질서와 소음, 성희롱 등 기내질서를 문란시키거나 기내 규율을 위반하는 행위를 하려는 승객에 대하여 위반행위를 저지시키기 위한 필요한 조치를 취할 수 있으며, 조치를 할 때는 기장의 지휘를 받아야 하고 특히 단체승객이 큰소리로 이야

기를 나누어 주변 승객에게 불편을 끼칠 경우 객실사무장/캐빈매니저에게 보고하여 즉시 '소란행위 자제 방송'을 실시할 수 있어야 한다.

기내 질서문란행위는 '항공보안법 제23조 제1항'에 의거 벌금과 징역처분을 받을 수 있다.

☑ 단체승객 소란 발생시 질서유지 절차

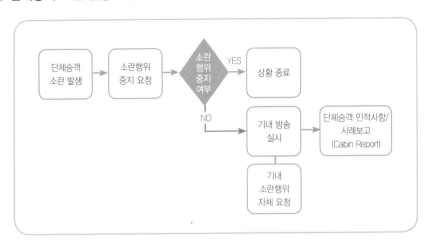

단체승객은 단체 사람들의 인원이 많은 관계로 주위를 의식하지 않으며 목소리가 커지고 상당히 소란스러운 분위기로 발전될 가능성이 농후하다. 따라서 아래와 같은 지침에 따라 단체승객을 응대하여야 한다.

- 주류 서비스시 과다한 주류를 제공하지 않는다.
- 항공기 도어 주변에 한꺼번에 모여서 이야기하지 않도록 권유하고 비행 중 항상 벨트착용 상태를 주기적으로 점검하여야 한다.

특히 겨울철에는 농사를 마무리하고 동네구역을 중심으로 계모임 동남아/유럽 해외여행을 많이 다녀오곤 하는데 여행객들이 식사 후 단체로 기내 시설물에 등치기를 하는 경우가 많이 발생하곤 한다.

비행 중 기내 설치된 시설물에 등치기를 하면 기내 시설물에서 소음이 발생하여 주변 승객의 수면을 방해하고 기내 시설물에 적지 않은 피해를 줄 수 있으므로 자제할 수 있도록 권유해야 한다. 이러한 등치기 동작의

운동효과는 의학적으로 검증된 바 전혀 없으며 오히려 혈액순환 방해, 골다공증 있는 노약자의 근육통이나 근육염증, 골절, 탈골을 유발할 수 있다.

· 주기적으로 담당구역을 순회하여 주변승객의 불편함을 미리 인지하며 더 이상의 불편을 끼치지 않도록 사전예방한다.

> 등치기 : 동네 약수터, 뒷산에 가보면 중년/노년의 이용자가 나무에 자신의 등을 쳐서 안마 효과를 얻는 행위(나무에게도 좋지 않은 영향끼침).

기내 소란행위 자제요청 방송문

안내말씀 드리겠습니다.
비행 중 한 곳에 모여 큰소리로 오랫동안 이야기를 나누시면 다른 승객들의 불편을 초래할 수 있습니다.
승무원의 요청에 따라 좌석으로 돌아가 주시기 바랍니다.
여러분의 협조에 감사드립니다.

Ladies and gentlemen.
For the safety and comfort of all passengers on board,
we ask you to refrain from making noise or gathering in large groups during the flight.
Please return to your seat as directed by cabin crew.
Thank you for your cooperation.

화장실 청결유지 및 비행 중 발생하는 안전 및 환자관리

객실승무원은 비행 중 매 30분마다 화장실 점검을 해야 하며 화장실 점검 중 청결유지와 비품 보급에도 관심을 가지고 업무에 임해야 한다. 항공기 기종별로 화장실 비품공급을 위한 세팅위치가 다르게 되어 있으므로 항공기에 들어온 후 화장실의 구조 및 기능에 대해 파악할 수 있어야 한다.

화장실용 비품으로는 크리넥스 화장지(Kleenex), 두루마리 화장지(Roll paper), 종이타월(Hand paper Towel), 일회용 변기커버(Toilet Seat cover), 로션(Lotion), 면도기(Razor, 상위클래스), 액체비누(Liquid soap) 등으로 구성되어 있다. 따라서 객실승무원은 각 비품의 세팅방법, 위치 및 화장실 내부의 작동상태를 확인해야 하며 바닥 물기제거, 악취 방지를 위해 수시로 방향제 살포 등 승객 탑승 전부터 하기시까지 지속적으로 청결도 및 비품의 공급상태가 잘 유지될 수 있도록 관리해야 한다.

깨끗하게 정돈된 화장실

화장실 편의시설

화장실 비품

화장실 내 비품 공급시설-전면 유리 내측 모습

또한 비행 중 화장실 내에서 발생할 수 있는 기내 화재, 터뷸런스, 감압, 급강하와 응급환자의 발생에 신속하게 대응하고 승객을 돌볼 수 있는 대처능력을 소지해야 한다. 본 교재는 상기의 사항을 'NCS 기내일상안전관리 교재'에서 자세히 다루었으니 참조하도록 한다.

☑ 화장실 악취 발생시 수행절차

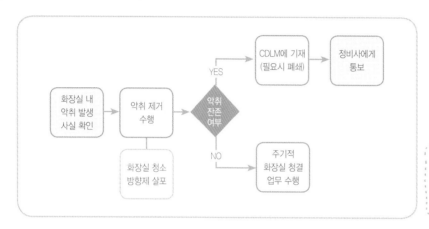

CDLM(Cavin Discrepancy List and Memo) : 비행 중 객실에서 발생된 정비를 요하는 사항을 기록하는 문서

 06 **기내 소음관리**(In Flight Noise Management)

비행 중 기내에는 다양한 소음과 진동이 발생되나 방음처리 및 소음감소장치 등을 사용하여 객실 내로 직접 전달되지 않는다. 비행 중 객실 내 소음은 50~60dB이며 정상적인 대화를 하는 데 아무 지장이 없으나 객실승무원이 아래와 같은 기내 물품을 다루고 이동할 때 발생하는 소음에 의해 주변승객이 불편함을 호소할 수 있으니 주의하도록 해야 한다. 또한 소음이 발생할 수 있는 항공기 날개나 갤리 주변 승객에게는 탑승 직후 이어플러그(귀마개, Earplug)와 편안한 수면을 위한 안대(Slumber Mask)를 제공하여 승객의 불만에 능동적으로 대처하며 소란 피우는 아이가 있을 경우 아래와 같은 응대지침에 의거하여 응대하도록 한다.

☑ **소란 피우는 아이 수습절차**

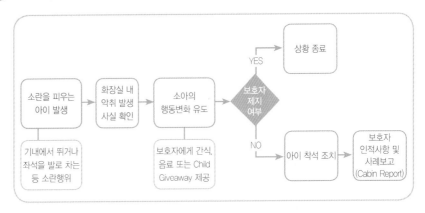

1. 갤리(Galley) 내 작업

갤리 작업시 반드시 커튼을 닫고 소음이 발생하지 않도록 유의해야 하며, 제일 큰 소음 발생은 오븐랙(Ovenrack)을 실수로 바닥에 떨어뜨리는 경우와 기내식 Tray를 떨어뜨리는 경우, 승무원끼리 큰소리로 대화하는 경우로 나누어 볼 수 있다.

따라서 주변 승객의 수면을 방해하는 갤리(Galley) 소음을 방지하기 위해 갤리 시설물 취급시, 승무원끼리 대화에 각별히 유의해야 한다.

갤리-Galley

갤리에서 큰소리로 대화하지 않는다.

오븐랙 - - -

오븐랙 모습-알루미늄 재질이므로 취급시 또는 떨어뜨리면 소음이 심함

2. 통로(Aisle) 보행시

기내는 원형의 큰 동체를 아래/위칸으로 나누어 아래 칸에는 화물, 위쪽 칸은 승객이 탑승하게 된다. 항공기 객실의 바닥, 즉 아래/위를 나누는 칸막이가 비교적 소음에 약해 기내승무원이 신경 쓰지 않고 보행시 발생하는 쿵, 쿵 거림은 예민한 승객, 수면 중인 승객에게 상당한 불편을 줄 수 있다.(예비 승무원들도 기내에 탑승할 기회가 생기면 한 번씩 걸어 보길 바란다. 의외로 '쿵쿵' 거리는 소음이 심하다)

따라서 항공사에서는 승무원에게 기내에서 뛰지말 것과 발 뒤꿈치보다는 발 앞꿈치를 이용하여 기내 정숙 보행할 수 있도록 권장하고 있다.

기내 복도가 의외로 얇은 재질이라 뛰어가거나 뒤꿈치에
무게를 실어 쿵쿵거리며 걸을 경우 소음발생 요인이 된다.

A380 비즈니스 클래스 통로

A380 일반석 통로

3. 컴파트먼트(Compartment) 여닫을 때

기내 갤리의 모든 구성품 보관장소는 컴파트먼트로 이루어져 있고 갤리(Galley)와 기내 객실(Cavin)의 구분은 커튼 한 장으로 구분되어 있어 갤리(Galley) 내 카트 보관용 문을 세게 닫거나 코트룸의 문을 강하게 밀 경우 주변 승객에게 상당한 소음의 불편을 심어줄 수 있다. 따라서 갤리 내 컴파트먼트(Compartment), 코트룸(Coat Room)의 문을 여닫을 때에는 최대한 소음에 유의하여 살짝 여닫을 수 있도록 노력해야 한다.

문을 열고 닫을 때 천천히 실시하여 기내 소음을 줄여야 한다.

B777-200 AFT GALLEY COMPARTMENT

A330-200 코트룸 도어

4. 캐리어박스(Carry on Box, Carrier Box)

기내의 모든 물품은 캐리어박스에 적재되어 탑재된다고 해도 과언이 아니다. 그만큼 기내에서 캐리어박스가 차지하는 비중이 많으나 알루미늄으로 제작되어 있어 상당한 소음 유발 원인이 되기도 한다. 캐리어박스를 취급할 때는 먼저 배에 힘을 주고 천천히 들어 이동시키며 장착되어 있는 문도 부드럽게 취급할 수 있도록 노력해야 한다.

기내의 무거운 물건은 전부 캐리어박스에 탑재되는 경우가 많으므로 위/아래, 좌/우로 이동시키다가 바닥에 떨어뜨리는 경우가 종종 발생한다. 이런 경우 아주 큰 소음의 발생과 승무원 상해로 연결되니 각별히 유의해야 한다.

캐리어박스 뚜껑을 열고 닫을 때 소음방지에 유의하고 뚜껑을 열어 놓지 않는다.

기내에 탑재되는 캐리어박스

뒤편 갤리 캐리어박스 Double Setting된 모습

5. 오버헤드빈(Overhead Bin)

캐리어박스(Carry on box), 컴파트먼트(Compartment), 오븐랙(Oven rack)이 갤리(Galley)에서 소음을 발생시키는 주역이라면 객실 공간에서는 오버헤드빈을 열고 닫는 소음이 주변 승객에게 불편을 끼칠 수 있는 주된 구조물이라 할 수 있다.

☑ 비행 중 승객이 착석해 있는 상태에서 오버헤드빈을 여는 3단계 동작

하단 승객에게 먼저 양해를 구하고	손으로 하단을 감싼 후	천천히 개방하는 것이 원칙이다.

닫을 때는 힘을 주어 부드럽게 내려주고 완전한 잠김(Locking)이 되면 문제가 없으니 지나치게 세게 닫아 승객에게 불편을 끼치지 않도록 유의한다.

오버헤드빈을 닫을 때 금속잠김 부분이 큰소리를 발생할 수 있다. 천천히 힘을 주어 밀도록 해야 한다.

A320 항공기 오버헤드빈 1

A320 항공기 오버헤드빈 2

* 최근에는 오버헤드빈(overhead bin)에서 낙하물이 떨어져 승객에게 심각한 부상을 입히는 경우가 FSC, LCC 구분없이 발생되고 있다. 따라서 승객이 착석해 있는 상태에서 오버헤드빈을 열 때에는 위에 기술한 3단계 동작을 철저히 지킬 수 있도록 해야 한다.

국내 항공사
조직의 이해

(KE)

항공사 조직의 역할

06

국내 항공사
조직의 이해

(KE)

대한항공 본사

아시아나항공 본사

진에어 본사

이스타 항공

티웨이 항공

제주항공 본사

울산 유스카이 항공 본사

김해공항 내 에어부산 본사

전체 조직도(KE)

총괄사장 조직도-KE

항공사 조직의 역할

❶ 총괄사장 : KE 항공사의 모든 경영과 회계를 책임진다.

❷ 안전보안실 : 회사 내 모든 안전과 보안에 관한 사항을 점검하고 처리한다.

❸ 운항본부 : 조종사 및 운항에 관한 사항을 운영한다.

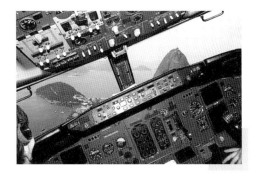

❹ 객실승무본부 : 객실승무기획부/객실승원부/객실훈련원 3개의 부서가 있으며, 각각의 코드 및 고유업무는 다음과 같다.

인천공항에 위치한 운항승무부/객실승원부가 있는 인하 국제의료센터

국제선 객실/운항 승무원은 이곳 7층에서 객실브리핑/합동브리핑 후 운항/객실 승무원과 함께 셔틀버스를 이용하여 인천 국제공항 청사로 이동 후 비행근무에 임한다. 여러분도 KE에 입사하시면 이곳을 집처럼 드나드실 것이다.

인하 국제의료센터 전경

보안시설이 되어 있다.

 객실승무본부 조직도 〈2016년부터 객실훈련원이 인재개발본부로 이전 예정〉

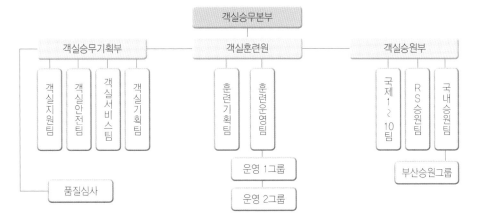

부서명	코드	업무
객실승무기획부	SELUF	객실승무원 인사 관리 및 인력 운영 객실안전/보안 업무계획 수립 및 운영 객실서비스 정책 및 표준업무절차 수립
객실훈련원	SELUT	객실승무원 교육, 훈련 계획, 운영
객실승원부	SELUA	객실 서비스 업무 담당

❺ **정비본부** : 항공사 내 모든 항공기의 정비, 유지 및 보수업무를 총괄한다.

❻ **종합통제본부** : 항공기의 운항에 관련된 모든 정보를 수집하고 총괄한다.

국내선 비행업무
(DOMESTIC FLIGHT DUTY)

국내선 업무절차 및 단계별 승무원 업무

Chapter

07

수행 준거 객실 승무 규정에 따라 국내선 근무 중 안전절차와 국내선 서비스 업무를 할 수 있다.

국내선 비행업무

(DOMESTIC FLIGHT DUTY)

국내선 비행근무시 탑승한
A330, B737 항공기에서

국내선과 국제선 비행의 차이점

- 국내선 비행은 지방공항의 활주로 길이 및 관제규모에 영향을 받아 승무인원이 적고 항공기 기종이 제한되어 있으며 비행시간이 짧다.
- 국내선에서는 기내식 제공, 면세품 판매 및 주류서비스를 하지 않기 때문에 기내에서 사용하는 서비스업무/서비스기물이 상당히 단출하다.
- 국내노선의 특성상 승객의 대부분이 내국인으로 구성되어 있다.
- 승무원, 기내식, 기내 설비 등 승객불만이 국제선에 비해 눈에 띄게 적지만 일단 기내에서 불만이 발생하면 비행시간이 짧아 실수를 만회할 시간이 없다.
- 외국 출입국 업무가 생략되어 기내 업무가 국제선에 비해 비교적 복잡하지 않다.

국내선 업무절차 및 단계별 승무원 업무

이번 장에서는 국내 최초로 국내선 업무절차를 능력단위별로 분류하여 개인
별 실제 업무를 구성해 보고자 하였다.

1. 국내선 비행전 준비

(1) 근무담당 확인 및 필수 휴대품 소지

ID카드, 여권, COM	방송문	방송문 내용
비행근무시 신는 기내화	비행근무 캐리어	메모패드

모든 승무원은 국내선 비행 전날 회사 시스템에 접속하여 기종의 확인 및 개
인별 근무위치를 숙지하고 비행 필수 휴대품인 여권(소지자 한함), 승무원 등록증,
방송문, 기내화, 비행가방, ID CARD, COM약본, 메모패드, 편승복장(필요시)을 확
인한다.

 편승(EXTRA FLIGHT, DEAD HEAD)이란?

연결되는 다음 편 비행을 수행하기 위해 당편 비행을 승객과 동일한 복장
으로 갈아입고 탑승한 승무원을 말한다. 즉. 부산 김해공항에서 부산/나고야
비행을 수행하기 위해 김포공항에서 김해공항까지 동료 승무원이 근무하는
비행기에 승객복장으로 탑승하여 쉬면서 가는 것을 말함.

(2) 국내선 비행 사전학습

이곳에 객실승무원 고유번호와 비밀번호를 입력하면 페이지가 열리며 보안을 위해 비행 중에는 접속이 불가하다.

KE 승무원이 국내/국제선 비행을 위해 비행 전날 접속하는 사이트

회사시스템에 접속 후 근무위치를 파악한 후 익일 비행시 탑승하게 될 기종, 근무위치, 기종특성, 기내설비, 비상처리절차, 도어작동법, 기내서비스 절차, 최근 회사공지, 비행패턴을 숙지해야 한다.

(3) 국내선 객실브리핑

| 국내선 사무실 전경 | 국내선 브리핑하는 저자 | 국내선 브리핑 화면 |

객실승무원이 국내선 비행을 위해 국내선 사무실로 출근하면 출근부서명, Medical Bag 내용물 및 용모점검, SPCL PAX를 확인, 보안점검 리스트 확인, 습득물 인계인수서, 목격자진술서, 경고장, 클리닝쿠폰을 확인 후 객실브리핑 장소로 이동하여 객실사무장/캐빈매니저 주관하에 객실브리핑을 진행하며 브리핑 내용은 국내선에서 만들어진 국내선전용 객실브리핑 PPT를 사용한다. 국내선인 경우 '비상구 좌석 승객대상 브리핑 담당승무원 지정'을 객실브리핑시 반드시 확인하고 개인별 숙지하여야 한다. 지정된 시간에 객실브리핑이 끝나면 바깥에 대기하고 있던 기장 주관 운항(합동)브리핑을 같은 장소에서 실시한다.

(4) 국내선 운항브리핑

항공기 조종실

항공기 착륙준비하는 운항승무원

국내선 기장이 실시하며 내용은 국제선과 동일하나 국내공항의 TAXING WAY가 짧은 관계로 이륙까지의 소요시간을 사전에 문의하여 SAFETY DEMO 상영 및 시연에 참고해야 한다. 특히 국내선의 경우 운항승무원은 연결편 항공기 내에서 객실승무원을 기다리는 경우가 많아 객실브리핑 후 국내선 사무실에 사전 문의하여 셔틀버스 탑승에 차질이 없도록 해야 한다. 일반적으로 운항과 객실승무원이 비행의 시작부터 끝까지 같이 비행하는 경우가 많으나 간혹 운항 승무원들의 비행 제한시간 관계로 운항승무원이 국내선 중간 기착지에서 교대 하는 경우도 있다.

(5) 항공기로 이동

객실과 운항브리핑이 끝나면 모든 승무원은 준비된 셔틀버스를 이용하여 김 포공항 청사로 이동한 후 객실브리핑시 객실사무장/캐빈매니저가 지정한 승무원 2인이 TASER를 수령하고 김포공항 국내선 청사 3층으로 이동하여 출발장 입구에

브리핑 후 청사로 이동하는 버스

브리핑 후 짐을 싣는 저자

서 ID CARD 확인 후 입장, 보안검색을 받고 출발게이트 재확인 후 램프버스나 게이트를 이용하여 해당 항공기로 이동한다. 이때 테이저(Taser : 전기충격 Gun) 운반 승무원은 무기관리를 위해 보안검색대에서 무기관련 서류를 작성하게 된다. 일반적으로 김포공항 국내선은 홀수번이 비행기와 승객이 게이트로 바로 연결되고 짝수번은 리모트(REMOTE) 주기이어서 버스를 탑승하고 비행기까지 가야 한다. 김포공항 국내선 청사의 모든 게이트 입구와 리모트 주기장으로 향하는 출입문에는 비밀번호를 입력하고 입장하게 되어 있으니 지상직원과 협의 후 게이트/리모트 출입문을 열고 도보/램프버스를 이용하여 항공기 안으로 들어가야 한다.

(6) 안전장비 점검

항공기 도착 후 각자의 짐을 안전하게 정리하여야 하며 곧이어 객실사무장/캐빈매니저의 방송에 맞추어 비상/보안점검을 실시한다. 점검요령은 국제선과 동일하며 국내선인 경우 SAFETY DEMO를 객실승무원이 직접 실연하는 기종이 많고 데모용구는 승객 전방에서 직접 승무원이 시연을 보여야 하므로 DEMO 용구의 탑재 여부/위치/청결상태를 점검하여야 하고 위생상태가 좋지 않을 시 객실정비사에게 의뢰하여 새것으로 교체하도록 해야 한다.

안전장비 점검 PA하는 저자

점프시트(Jump seat) 하단

기내 구석구석 점검하는 저자

ELT, 소화기, PBE, 메가폰

휴대용 산소통

메가폰과 소화기, PBE

(7) 기내 보안점검

기내 보안점검하는 저자

기내 보안점검하는 승무원

보안점검 리스트

테이저(전기충격 총)

객실의 보안점검은 보안점검 리스트에 의거해 실시하며 객실사무장/캐빈매니저가 최종 서명 후 기장의 확인을 받아야 한다. 보안점검 리스트는 승객탑승 전 또는 탑승 완료 후 지상직원에게 전달한다.

2. 승객 탑승 전 준비

(1) 국내선 용품 탑재확인

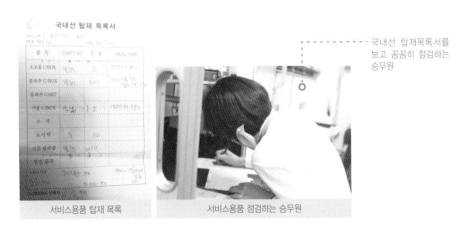

국내선 탑재목록서를 보고 꼼꼼히 점검하는 승무원

서비스용품 탑재 목록

서비스용품 점검하는 승무원

안전장비 점검과 보안점검을 마친 승무원은 기내용품 탑재점검에 들어가게 되는데, 이때 점검하여야 할 품목은 다음과 같다.

안전부문

- TASER 인수인계대장
- CDLM 탑재 여부
- 기내 비치 COM 및 기내방송문
- POTABLE WATER
- SAFETY DEMO 테이프

서비스부문

- 기내 ON BOARDWHEEL CHAIR
- 서비스용 음료수, 카트, 소모품 박스, 담요, 국내선 승무원용 도시락
- 기타 국내선 승무에 필요한 전반적인 물품

(2) 기내방송(PA) 테스트

| B737 방송용 인터폰 | B737 사전녹음장치 |

객실사무장/캐빈매니저 및 방송담당 승무원은 각 구역별 기내방송 상태를 점검하여야 하며 파열음 또는 소리가 작을 시에 객실정비주임에게 통보하여 핸드셋 등 방송장치를 재점검하여야 한다.

(3) 모니터(Monitor) 점검

SAFETY DEMO 작동 여부와 이상 유무를 확인하고 고정식 공용 및 개인용 모니터를 일일이 점검하여 이상이 발견될 경우 객실정비사에게 수리의뢰한다.

B737 벽걸이형 모니터

B737 접이식 모니터

┄┄┄ 접이식 모니터

특히 비행 중 천장에 설치되어 있는 접이식 모니터(RETRACTABLE MONITOR)가 접히지 않거나 펼쳐지지 않는 경우가 발생하지 않도록 지상에서 접거나 펴는 시연을 반드시 실시하여야 한다. 항공기 지상 이동시, 착륙 전 접이식 모니터가 접혀지지 않을 경우에는 모니터를 강제로 접히는 쪽으로 밀어주면 접어지게 된다.

(4) 기내 설비점검

객실 조명조절장치, 독서등 조절장치, 객실온도를 작동시킬 수 있는 스위치의 작동 여부를 점검하고 갤리 내 커피메이커 및 WATER BOILER의 작동 여부를 점검한다. 지상에서 커피메이커나 물 끓이는 장치를 점검시 반드시 에어블리딩(AIR BLEEDING)을 실시하고 화상방지 차원에서 뜨거운 물을 받기 위해 뜨거운 물이 나오는 수도꼭지에 얼굴을 너무 가까이 대지 않도록 한다.

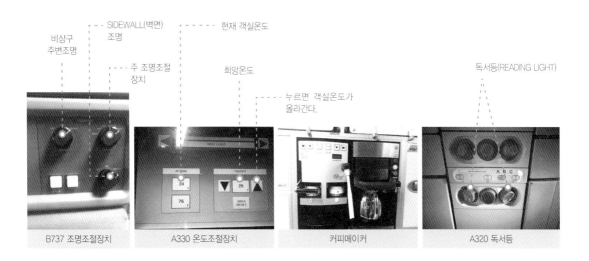

B737 조명조절장치   A330 온도조절장치   커피메이커   A320 독서등

(5) 신문카트 준비

항공사에 입사하게 되면 제일 먼저 자주 하게 되는 임무는 신문 세팅이다. 따라서 신입 승무원은 기내 점검이 끝나면 신문을 점검하게 되는데, 이때 신문발행 날짜, 탑재수량을 점검해야 하며 출발하는 날짜에 발행된 신문이 아닌 것은 기내 청소요원에게 의뢰하여 하기시켜야 한다.

신문 세팅은 신문 서비스용 카트 위에 신문의 제호가 잘 보이게끔 전시하며 조선일보, 중앙일보, 동아일보 일부 신문과 스포츠 신문 몇 장을 VIP/CIP 제공용으로 미리 보관하기도 한다.(일부 지방공항은 항공기 출발시간을 절약하기 위해 지상에서 항공기 도착 전 신문 세팅을 미리 준비해 주기도 한다)

| 국내선 신문 세팅 도우는 저자 | 탑재된 신문뭉치 |

(6) 청소상태 점검

국내선 청소는 청소담당 부서에서 실시하며 객실승무원은 객실의 청소상태, 특히 화장실과 SEAT POCKET 내부를 집중적으로 점검하여 이상이 없으면 객실사무장/캐빈매니저가 청소담당요원이 소지하고 있는 서류에 서명하게 된다.

| 기내 청소 후 모습 | 기내 청소 중인 조업원 |

참고로 대한항공의 기내 미화는 KAS에서 담당하며, 세계에서 제일 신속/정확
하게 하는 것으로 정평이 나있다.

(7) 탑승시간 및 탑승준비

지상에서의 점검 및 준
비가 마무리되면 기장과
협의하여 승객 탑승시간
을 지상직원에게 전해주
게 된다. 일반적으로 국내선 비행에서 B737 기종은 출발 15분전, B747/777-300
대형기종은 30분 전에 실시하며 객실사무장/캐빈매니저는 정해진 탑승시간을
기내방송을 통해 전 승무원에게 알려 미리 준비할 수 있도록 한다.

3. 승객 탑승 및 이륙 전 서비스

(1) 탑승안내

REMOTE 탑승 중인 승객-램프 버스를 이용한다.

승객 탑승이 시작되면 탑승구와 객실 내 브리핑시 배정받은 정위치에 승무원
이 서서 환영인사 및 승객의 탑승안내를 돕는다. 탑승안내시 승무원은 승객의
탑승권을 재확인해야 하는데 탑승권 재확인시 출발날짜와 편명을 반드시 확인

| 일반 탑승권 | 홈 프린팅 탑승권 | 모바일 탑승권 | 탑승안내용지 |

해야 한다. 승객이 소지한 탑승권 중 날짜와 편명이 불일치시에는 지상직원을 호출하여 적의 조치될 수 있도록 하고, 또한 안전한 비행을 위해 기내 반입되는 과대수화물의 반입을 철저히 규제하여 안전한 비행을 도모한다.

(2) SPML PAX와 인식 서비스

국내선의 스페셜 승객은 VIP, CIP, 장애인, 유아동반승객, UM, 휠체어승객, 노약자, 학생단체 인솔자, PET 동반승객을 의미하며 기내에 탑승하면 짐보관 및 좌석안내에 적극적으로 임하여야 한다. VIP, CIP, 비즈니스 클래스 승객, 일반석 주요 승객에게는 탑승 직후 SHR/SSR을 이용하여 인식 서비스를 실시한다.

국내선에도 국제선과 동일한
양식의 SSR/SHR이 탑재된다.

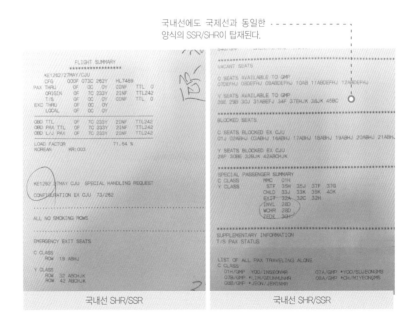

국내선 SHR/SSR   국내선 SHR/SSR

(3) 출발 준비

객실브리핑시 비상구 담당 승무원으로 지정된 승무원은 승객탑승이 완료되는 시점에 비상구 좌석 승객에게 안전브리핑을 반드시 실시하여야 하고 SHR/SSR 접수, SHIP POUCH ITEM을 재확인하며 보안점검 리스트가 지상직원에게 전달되었는지 확인한다.

B737 기종 비상구 좌석

B737 비상구 좌석은 다른 기종과 달리 등받이가 뒤로 젖힐 수 없게 되어 있다.

(4) DOOR CLOSE

승객의 탑승이 완료되면 객실사무장/캐빈매니저는 기장에게 최종 승객인원/편승승무원 수(다음 구간 승무 위해 승객처럼 사복으로 갈아입고 좌석을 점유하고 있는 승무원)를 통보하고 기장의 허가가 나오면 항공기 도어를 닫는다. 일반적으로 모든 기종의 DOOR CLOSE는 객실사무장/캐빈매니저가 직접 실시한다.

A330 기종 도어 닫힌 모습

외부에서 열 때 이곳을 들어 올리면 항공기 도어가 열리게 된다.

(5) DOOR MODE 변경(정상위치: Disarmed Pusition → 팽창위치 : Armed Position)

GIRT BAR가 바닥의 BRAKETS에 완전히 들어가 있다.

A330 도어모드 팽창위치

B777 도어모드 팽창위치

B737 도어모드 팽창위치

RED WARNING FLAG

B737 도어모드 팽창위치일 때
RED WARNING FLAG 설치상태

모든 객실승무원은 항공기 도어가 완전히 닫힌 후 객실사무장/캐빈매니저의 방송에 따라 도어의 슬라이드 모드를 팽창위치로 바꾸고 왼편/오른편 도어 승무원 간 재확인 후 객실사무장/캐빈매니저에게 통보한다. B737 기종인 경우 GIRT BAR를 BRAKETS에 완전히 밀어 넣은 후 RED WARNING FLAG를 VIEWING WINDOW에 가로질러 설치한다. 그외 기종은 팽창위치(AUTOMATIC, ARMED POSITION)로 핸들을 바꾸어 놓으면 된다. 기종에 따라 A330/A380/B747 기종은 세이프티 핀(SAFETY FIN)을 먼저 제거하고 팽창위치로 옮겨야 한다.

방송용어 ▶ Cabin Crew Door Side Stand By … Safety Check

(6) PUSH BACK

객실이 준비되었으면 객실사무장/캐빈매니저는 기장에게 PUSH BACK이 준비되었음을 통보하고 기장은 항공기의 파킹브레이크를 풀고 지상 정비사에게 항공기의 PUSH BACK을 지시하게 되며 비로소 지상에서 TOWING CAR를 이용하여 항공기를 뒤로 밀어내게 된다.

기장에게 연락하는 문구 ▶ 객실 푸시백 준비됐습니다.
Cabin is ready to Push Back

푸시백을 시행하는 토잉카

푸시백하는 항공기

푸시백하는 KLM 항공기

(7) 탑승환영 방송^(WELCOME ANNOUNCEMENT)

승객에게 탑승환영 방송은 객실브리핑시 지정한 승
무원이 실시하며 방송 전 기내에 틀어놓은 음악^(BGM)
을 먼저 끄고 하게 된다. 탑승환영 방송은 한국어와
영어로만 실시한다.

방송은 또박또박 큰소
리로 실시한다.

국내선 탑승환영 방송문 예시 (KE)

소중한 여행을 저희 00항공과 함께 해주신 손님 여러분, 안녕하십니까?

스카이팀 회원사인 저희 00항공은 여러분의 탑승을 진심으로 환영합니다.

이 비행기는 (제주)까지 가는 00항공 1201편입니다.

목적지인 제주까지 예정된 비행시간은 이륙 후 55분입니다.

오늘 (홍길동)기장을 비롯한 저희 승무원들은 여러분을 정성껏 모시겠습니다.

출발을 위해 좌석벨트를 매 주시고 등받이와 테이블은 제자리로 해 주십시오. 그리
고 휴대전화 등 전자기기는 무선통신이 꺼진 상태에서 사용하실 수 있으며 노트북
등 큰 전자기기는 좌석하단 또는 기내 선반에 보관해 주시기 바랍니다.

계속해서 여러분의 안전한 비행을 위해 잠시 화면(승무원)을 주목해 주시기 바랍니다.

Good morning(—) Ladies and gentlemen.

Captain(홍) and the entire crew would like to welcome abord 00 Air, a member of
SkyTeam.

Our flight time today will be 55 minutes.

During the flight our cabin crew will be happy to assist your in any way we can.

In preparation for departure, please fasten your seatbelt and return your seat and
tray table to the upright position.

You are permitted to use your electronic devices during the flight, as long as they
are set to Flight Mode. However larger devices such as laptop computers must
be stowed under your seat or in the overhead bins during take off and landing.

For your safety, please direct your attention to the video screens (cabin crew) for
safety information.

(8) DEMO 상영/실연

| 국내선 데모영상 | 승무원이 실연시 사용하는 데모용구/데모KIT |

SAFETY DEMO를 의미하며 승객의 안전을 위해 반드시 실시한다. 기종에 따라 비디오장치나 승무원 실연을 통해 실시하여야 하며 SAFETY DEMO 상영 중 객실승무원은 담당구역의 비상구 주변에 위치한다. 제주행/제주발 항공기에서 휴가철마다 피서지에서 사용하려고 좌석 하단마다 설치되어 있는 승객용 구명복을 많이 가져가 항공사에서는 RFID(Radio Frequency Identification)를 설치하여 분실 방지에 노력하고 있다. 항공사 기내에 비치되어 있는 구명복은 탑승객이 목적지에서 해수욕하는 데 도움을 주려는 데 있다기보다는 항공기가 바다나 대형호수에 비상착수시 승객의 생명유지와 안전한 구조를 위해 수면 위에 떠있게 하려는 목적이므로 놀이용 해수욕에는 전혀 도움이 안 되고 오히려 거추장스러운 장비이니 참고하기 바란다.

RFID(Radio Frequency Identification

대형마트나 백화점에 설치되어 있는 상품분실 방지를 위한 감시장비와 동일한 시스템이라고 이해하면 된다. 즉, 승객이 구명복을 기내에서 가지고 나오면 게이트에 설치되어 있는 감시장비에서 붉은색 점등과 동시에 소리가 발생한다.

(9) 이륙준비(Preparation for take off)

항공기의 이륙준비는 아래의 사항을 충족하여야 한다.

- 모든 승객 착석 및 좌석벨트 착용

이륙용 활주로 개방모습

이륙 대기 중인 항공기

- 화장실 잔류승객 없음

- 객실 및 갤리 내 유동물질 고정

- 오버헤드빈(OVERHEAD BIN) 닫힘상태 확인 후 조종실에서 이륙신호(SEATBELT SING 3회-딩동, 딩동, 딩동)를 객실에 보내면 객실사무장/캐빈매니저가 기장에게 객실이륙준비 완료를 통보하고 기장이 엔진의 출력을 높여 비행기가 활주로를 질주하게 되며 일정속도에 다다르면(약 290km/hour) 조종간을 당겨 비행기가 하늘로 이륙하게 된다.

객실사무장/캐빈매니저가
조종실에 이륙준비 통보

객실 이륙준비 되었습니다
Cabin is ready to take off

4. 비행 중 서비스

(1) PA 확인

비행기가 이륙 후 일정고도에 다다르면 조종실에서 SEATBELT SIGN을 끄게 되는데 이때가 이륙 후 첫 방송의 시점이고 방송담당을 제외한 승무원은 객실에 나가서 방송음량의 크기와 파열음 정도를 파악하여 방송담당 승무원에게 알려주게 된다.

방송용 인터폰

A380 방송장치

이륙 후 Seatbelt Sign Off시 실시하는 첫 방송

손님 여러분 방금 좌석벨트 표시등이 꺼졌습니다.
그러나 비행기가 갑자기 흔들리는 경우에 대비해 자리에서는 항상 좌석벨트를 매시기
바랍니다.
그리고 선반을 여실 때는 안에 있는 물건이 떨어지지 않도록 조심해 주십시오.
감사합니다.

Ladies and gentlemen.
the captain has turned off seatbelt sign.
We recommend that you keep your seatbelt fastened at all times.
Please be careful when opening the overhead bins as the contents may have shifted
during the flight.
Thank you.

(2) SHR/SSR 정보 확인

객실사무장/캐빈매니저는 SSR/SHR의 정보를 모든 승무원에게 전달하여 균형 있는 기내 서비스가 실시될 수 있도록 해야 한다. 특히 항공기 도착 후 제일 먼저 내리거나 제일 나중 내리는 승객에게 사전 고지하여 불편함이 없도록 한다.

국내선 SSR/SHR은 2부로 되어 있어서 한 부는 객실사무장/캐빈매니저가 서명 후 지상직원에게 전달한다.

실제 국내선 SSR/SHR 모습

(3) 객실 순회(Walk around)

국내선도 국제선과 동일하게 이륙 후 기내 온도는 24도를 유지하게끔 하며 객실 조명상태, 소음상태를 면밀하게 파악 후 조치한다. 국내선의 경우 이륙 전 TAXING WAY가 짧아 미처 인식 서비스를 제공해 드리지 못한 승객에게 객실 순회를 이용하여 인식 서비스를 실시하여야 하며, 모든 승객대상 비행 중 불편사항을 확인하여 조치할 수 있도록 한다.

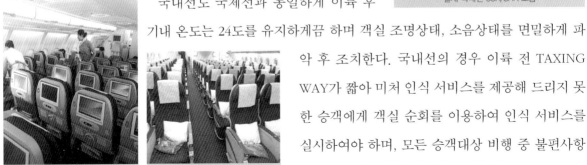

서비스하며 객실 순회 중인 승무원

정돈된 객실모습

(4) 음료서비스(Beverage service)

☑ 국내선 비행(Domestic Flight) 음료 서비스

| 국내선 이륙 후 음료수 서비스 준비 중인 모습 | 완성된 국내선 음료카트 | 서비스 후 음료카트 |

Tray Basis

O/J	O/J	O/J	O/J	O/J
O/J	O/J	O/J	O/J
냉녹차	냉녹차	냉녹차	냉녹차
생수	생수	생수	Cocktail Napkin

종이컵 : 국내선에
서 종이컵만 사용
한다.

감귤주스 : 제주행
비행기에서 사용

시원한 녹차

토마토주스

오렌지주스

냅킨

어린이용 빨대

콜라

생수

커피

종이타월

커피프림

더운 녹차를 위한
뜨거운 물

어린이용 컵뚜껑

완성된 국내선 음료카트

☑ 국내선에 서비스되는 음료 종류

국내선 비행(Domestic Flight)에서는 아래와 같이 생수, 토마토주스, 냉녹차, 뜨거운 녹차, 오렌지주스, 콜라, 감귤주스(제주구간), 커피를 제공한다.

국내선에 제공되는 커피와 녹차 :
커피는 Coffee Maker가 없는 경우 사용

☑ 국내선 비행 음료 제공시 유의점

- Tray를 이용하여 서비스할 경우에는 Large Tray에 오렌지쥬스, 냉녹차, 생수를 준비하여 냅킨과 함께 제공하고 커피를 원하시는 승객에게는 개별적으로 서비스한다.

- 승객에게 Tray를 이용하여 음료를 제공할 때에는 냅킨이 준비된 방향이 승객을 향하도록 한다.

- 국내선 구간 중 상기를 제외한 모든 구간은 Full Cart 서비스를 실시하며 카트 상단에는 냅킨, 커피 Pot, Tea Pot, 종이컵, 찬 음료, Muddler Box를 준비하고 카트 내부에 여분의 음료를 세팅한다.

- 서비스 진행은 앞에서 뒤로, 뒤에서 앞쪽으로 진행하며 창측 승객에게 제공할 때에는 통로측 승객에게 양해를 구하고 제공한다.

- 음료를 주문받았을 때에는 냅킨을 먼저 깔고 음료를 승객의 Meal Table 위에 놓아 드린다.

- 커피를 원하시는 승객에게는 크림과 설탕도 같이 주문받아 동시에 제공한다.

- 녹차는 냉녹차와 뜨거운 녹차를 제공하는데 승객이 뜨거운 녹차를 주문했을 경우 티백과 냅킨을 먼저 서비스하고 뜨거운 물을 준비하여 냅킨을 한 장 더 깔고 놓아 드린다.(사용한 티백은 냅킨 위에 건져 놓도록 안내하는 것을 잊지말아야 한다)

- 뜨거운 음료를 제공할 경우에는 승객이 화상을 입지 않도록 각별히 유의해야 하며, 취침 승객에게는 안내문구가 적힌 Tag을 붙여 추후 다시 의향을 물어 보도록 한다.

- 국내선 주스류 서비스 후 잔량이 있는 경우 패턴비행 종료시 위생을 감안하여 사용분 전량 폐기한다.

- 어린이 승객에게는 종이컵 뚜껑을 닫고 빨대를 꼽아서 제공한다.

컵 뚜껑과 빨대 : 국내선, 국제선 공용

컵과 빨대가 완성된 모습 : 국내선, 국제선 공용

- 음료 서비스시 전방을 바라보고 있는 승무원도 승객에게 응대할 때 에는 반드시 몸을 충분히 돌려 정면으로 응대하도록 한다.

- 기체요동 등의 사유로 음료를 쏟았을 경우 즉시 사과하고 조치한 다음 보고하여 적의 조치되도록 한다.

- 커피, 녹차 등의 뜨거운 음료는 뜨겁게, 주스나 콜라 등 시원하게 제공하는 음료는 반드시 시원하게 된 상태에서 제공한다.

- 객실 음료 서비스는 기내 조명을 제일 밝게 한 상태에서 제공하며, 야간 운항이거나 대부분의 승객이 취침 중일 경우 적절히 조절할 수 있다.

- 대한항공의 경우 국내선 구간에 오렌지주스(O/J), 감귤주스(제주구간), 콜라, 냉녹차, 뜨거운 녹차, 생수, 토마토주스, 커피를 제공한다.
- 커피의 경우 사전에 많이 준비하면 낭비요소가 발생하므로 사전 1개의 POT만 준비하여 서비스한다.
- 국내선 음료 서비스 중 기내 TURBULENCE가 발생하면 Hot Beverage는 음료카트 중단에 보관하여 주변 승객이 피해를 입지 않도록 한다.
- 제주노선인 경우 감귤주스를 추가로 제공하며 KE 항공사인 경우김포/부산/김포 노선인 경우 아침 일찍(08:30분 이전 비행)에는 빵과 두유를 제공한다. (LCC는 실시하지 않는다)

해당 비행편 : 김포/부산/김포 아침 08:00시 이전 출발 비행편

서비스 방법

- 기내 서비스는 동일하나 다른 점은 빵을 먼저 드리고 음료는 나중에 드리며 두유를 제공할 때에는 빨대가 제대로 부착되어 있는지 다시 한 번 확인한다.

- 국내선 구간은 Full Cart를 이용하여 음료 서비스를 진행하는 것을 원칙으로 하나, 다만 비행시간이 상당히 짧은 아래의 국내선 구간은 Tray를 이용하여 제공한다. (비행시간이 짧은 구간에서는 사진과 같이 Tray로 음료 서비스한다)

① 제주/광주/제주
   (비행시간 32분)
② 제주/여수/제주
   (비행시간 34분)

KE에서 Tray를 이용하여 음료수를 제공하는 구간

국내선 음료 서비스 후 갤리로 들어온 음료 Cart

고리부분을 음료카트에
연결해 사용한다.

국내선 기내 서비스 회수용 백~카트에 걸어서 사용한다.

☑ 국내선 비행 중 기체요동^(Turbulence) 시 음료 서비스 방법

- 항공기 상승 중 켜있던 벨트사인이 한번 더 점멸하고 다시 켜진 경우 객실승무원에 의한 국내선 기내 음료 서비스 준비는 가능하나 Cart를 가지고 나가서 음료 서비스 실시는 하지 않는다.

- 음료 서비스 도중 기체요동이 발생하면 기내방송을 실시하고 커피, 녹차와 같은 뜨거운 음료는 음료카트 내부에 넣어두어 승객의 안전을 도모하며 찬 음료 위주로 제공하여야 한다.

- 기체요동으로 인해 음료를 승객에게 엎질렀을 경우 즉시 사과드리고 닦아 드리며 세탁쿠폰(Cleaning Coupon)을 제공하여 승객의 불편함을 해소해야 한다. 음료의 쏟음을 방지하기 위해 음료 카트 위에 세팅된 모든 음료수 병의 뚜껑은 제공 직전에 열어야 하며, 뜨거운 음료를 제공할 시 복도측에서 따라 승객에게 음료가 튀지 않도록 해야 한다. 음료 서비스 중 승객의 의복을 훼손하였을 경우 객실사무장/캐빈매니저에게 보고하여 클리닝 쿠폰(Cleaning Coupon)을 제공한다.

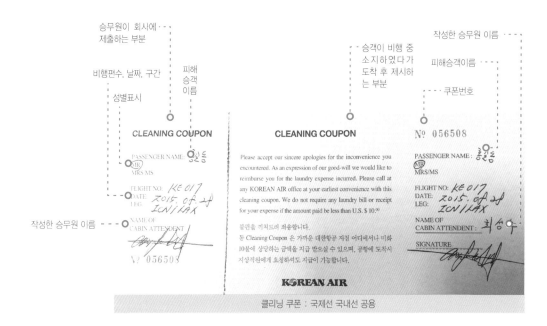

국내선 비행근무 중 승무원의 식사

국내선 비행기가 중간 목적지에 도착 후 조식/중식/석식을 취식하게 되는데 다음편 비행까지 시간이 여유 있는 경우에는 국내선에 위치한 식당을 이용하게 되고, 시간이 촉박한 경우에 객실승무원은 운항승무원과 함께 기내에서 도시락을 취식하게 된다.

기내 도시락의 취식은 경유지 중 제일 체류시간이 많은 공항에 도착할

도시락 취식 후 사용하는 스프레이

때 취식하며 준비는 도시락이 탑재된 갤리승무원이 담당하는 것이 일반
적이다. 또한 기내에서 도시락을 취식하는 경우 취식이 완료되면 스프레
이(Spray)를 사용하여 기내의 도시락 냄새를 없애는 절차를 실시한다.

국내선 비행 승무원을 위한 도시락

된장 / 미역국 과
햇반, 일회용 김이
함께 제공된다.

조식

중식

석식

국내선 비행근무 중 항공사 승무원이 자주 이용하는 공항구내 맛집-식사시간대에 비
행근무하는 승무원에게는 개인별로 항공사 식권이 제공되며 식당에서 음식 주문 후
식권을 식당직원에게 제출한다.

승무원이 자주 찾는 김포공항 1층 식당-냉면

김포공항 3층 용우동-돈까스

김해공항에서 승무원이 자주 찾는 공항 1층 외부
용우동 식당 : 김치찌개

제주공항에서 승무원이 자주찾는 공항 3층
푸드 카페테리아 식당 : 돈까스, 라면, 김밥

5. 착륙 전 서비스

도착준비

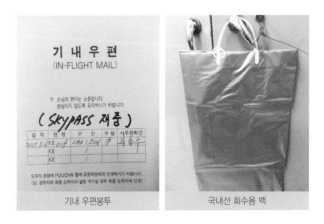

기내 우편봉투　　　　　　　　국내선 회수용 백

설비 이상을 기록한 CDLM

　　기내 서비스 후 도착준비를 위해 객실승무원은 제공된 모든 서비스 잔여물을 수거해야 한다. 음료 서비스 후 빈 컵은 도착준비 전 회수하는 것을 원칙으로 하며, 회수는 준비된 국내선 회수전용 백을 사용한다. 국내선 탑승 근무 승무원은 항공기가 목적지에 도착 전 아래와 같은 업무를 실시한다.

- 승객 우편물, 신청서 등 기내에서 접수한 서류의 확인
- 승객 보관의뢰 물품 반환 및 확인
- 객실정비사항 조종실에 인계
- 모든 승객 착석 및 좌석벨트 착용
- 화장실 내 잔류승객 여부
- 객실 내 유동물질 고정 및 오버헤드빈 닫힘상태 확인
- 서비스된 음료컵 및 기타 이물질 회수
- 기내 환자 발생시 도착지 공항에 연락
- Special 승객 Care 확인 및 개별 인사

착륙 전 실시하는 방송문

[Approaching]

손님 여러분
우리 비행기는 잠시 후에 (제주)공항에 도착하겠습니다.
착륙 준비를 위해 꺼내 놓은 짐들은 앞 좌석 아래나 선반 속에
다시 보관해 주십시오.

Ladies and gentlemen.
We are approaching Jeju airport.
Please stow your carry on items in the overhead bins or under the seat in front of you.
Thank you.

[Landing]

손님 여러분 우리 비행기는 곧 착륙하겠습니다.
좌석 등받이와 발 받침대, 테이블을 제자리로 해주시고 좌석벨트를 매주십시오.
창문 덮개는 열어 두시기 바라며 노트북 등 큰 전자기기는 좌석 하단 또는 기내 선반에
보관해 주시기 바랍니다.
감사합니다.

Ladies and gentlemen.
We will be landing shortly.
Please fasten your seatbelt, return your seat and tray table to the upright position and
open your window shades.
Also please place large electronics devices such as laptop computers under the seat
or in the overhead bins.
Thank you.

6. 착륙 후 서비스

(1) 보딩뮤직(BGM : Back Ground Music)과 Farewell 방송

보딩뮤직이란 항공기 착륙 후 도착 안내방송(Farewell Announcement) 실시 전 객실에 은은한 음악방송(BGM)을 실시하여 승객의 안락함을 돕기 위한 조치이며 국내선은 국제선과 같은 다양한 음악채널을 사용하지 않고 출발/도착시 사용하는 2가지 종류 음악 장르를 사용하고 있다.

보딩뮤직 채널 1, 2번 두 가지 종류가 있고 1번은 탑승시, 2번은 하기시 사용한다.

보딩뮤직 ON/OFF 스위치이며 오른쪽으로 돌리면 켜지고 소리도 커진다.

이곳에서 보딩뮤직을 조절한다.

B737 보딩뮤직 조절장치	A380 보딩뮤직 조절장치

도착 안내방송(Farewell announcement)은 출발 전 실시한 탑승환영방송(Welcome announcement)을 방송한 승무원이 실시하며 일반적으로 탑승 승무원 중 회사에서 인정한 방송자격이 있는 승무원에 의해서 실시된다. 국내공항인 경우에도 공항특성문안이 작성되어 있는 바, 이러한 문안을 적절하게 사용하여 승객의 이해를 돕도록 한다. 일부 국내공항의 경우 Taxing way(유도로)가 매우 짧아 착륙하자마자 바로 터미널로 들어가는 경우가 발생하여 승객이 방송도 끝나기 전 하기를 위해 서서 대기하는 사례가 나타나곤 한다. 따라서 국내선 비행 전 운항브리핑 시 기장에게 해당 공항의 활주로 및 유도로 특성을 미리 질문하여 적절한 시간배분을 하는 것이 매우 필요하다.

[Farewell 방송]

손님 여러분,
우리 비행기는 (제주)공항에 도착했습니다.
여러분의 안전을 위해 비행기가 완전히 멈춘 후 좌석벨트 사인이 꺼질 때까지 자리에서 기다려 주십시오.
선반을 여실 때는 안에 있는 물건이 떨어질 수 있으니 조심해 주시고 내리실 때는 잊으신 물건이 없는지 다시 한 번 확인해 주시기 바랍니다.

오늘도 스카이팀 회원사인 00항공을 이용해 주셔서 대단히 감사합니다.
저희 승무원들은 앞으로도 안전하고 편안한 여행을 위해 최선을 다하겠습니다.
감사합니다.

Ladies and gentlemen.
We have landed at (Jeju) airport.
Please remain seated until the captain turns off the seatbelt sign.
Be careful when opening the overhead bins as the contents may have
shifted during the flight.
Please remember to take all of your belongings.
Thank you for choosing 00air, a member of SkyTeam and we hope
to see you again soon.

(2) DOOR MODE 변경(팽창위치 : Armed Position → 정상위치 : Disarmed Pusition)

　기내 SEATBELT SIGN이 꺼진 후 객실사무장/캐빈매니저에 의해 'SAFETY
CHECK' 방송이 나오면 도어모드를 팽창위치에서 정상위치로 바꾸어야 하며
객실조명을 FULL BRIGHT로 켠다. 만일 도어모드를 정상위치로 바꾸지 않고
항공기 도어를 열면 탈출용 슬라이드(Escape slide)가 팽창되어 대기하고 있는 승
객 및 지상직원에게 피해를 끼치고 항공기 정시운항에 큰 지장을 주는 사고로
이어질 수 있으니 탈출용 슬라이드 모드(Mode)의 작동시에는 모든 신경을 한 곳
에 집중하여 조작실수를 범하지 않도록 해야 한다.

B777 도어모드 정상위치

A330 도어모드 정상위치

A380 도어모드 정상위치

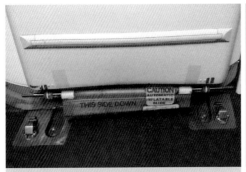

B737 도어모드 정상위치

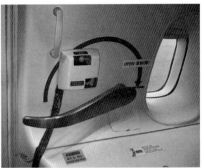

B747 도어모드 정상위치

Safety Pin이란

A330/B747-400/B747-8i /A380 항공기의 도어모드가 정상위치(Manual / Disarmed Position)에서 팽창위치(Automatic / Armed Position)로 넘어가지 않도록 정상위치 상태에서 고정핀을 삽입하여 움직이지 못하도록 하는 장치이다. 도어모드(DOOR MODE)를 팽창위치로 옮기기 위해 Safety Pin을 뽑으려면 뒤쪽의 누름쇠를 누른 상태에서 잡아 당기면 뽑힌다.

정상위치에서 팽창위치로 변경 시킬 때 세이프티핀을 빼게 되는데 이때 뒤편 튀어나온 부분을 누르고 당기면 핀이 빠진다.

본체 금속막대기

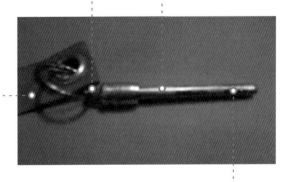

Red Warning Flag(경고를 나태는표시 'Remove Before Flight'라고 적혀 있다.

세이프티핀의 잠금장치.뒤편 튀어나온 부분을 누르면 앞쪽 튀어나온 부분이 본체(금속막대기)안으로 들어가서 Safety Pin을 빼기 쉽게 된다.

방송용어 Cabin Crew Door Side Stand By … Safety Check

(3) DOOR OPEN

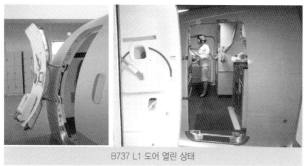

B737 L1 도어 열린 상태

A330 L1 도어 열린 상태

중대형 항공기인 경우 도어모드 정상위치를 최종 확인 후 지상직원이 객실승무원의 허락을 받기 위해 VIEWING WINDOW를 두드리면 도어를 열어도 좋다는 신호를 보내 외부에서 항공기 문을 열도록 한다.

단 B737 기종인 경우 지상직원의 신호를 받은 후 객실사무장/캐빈매니저가 내부에서 오픈한다. 특히 B737 기종의 도어는 여성 승무원이 열 때 상당한 무게감을 느끼므로 지상직원의 도어 오픈 허가를 득한 후 두 손으로 단단히 잡아 외부로 힘껏 밀어야 하나 무게를 이기지 못하고 다시 닫히는 경우가 발생하기도 하며 도어가 다시 밀려 들어오는 과정에서 손이나 팔에 위험을 가하는 사례가 일어날 수도 있다. 따라서 도어를 조작하는 여성 승무원은 출발 전 Door Open & Closing 연습을 충분히 실시하여 상기 사례를 방지할 수 있도록 해야 한다.

☑ 객실승무원 및 지상직원 수신호의 종류 및 의미

문을 열어도 좋음

문을 열지 마시오

(4) 승객 하기 안내

스텝카를 이용하여 항공기에서 하기하는 국내선 승객

램프 버스(RAMP BUS)를 이용하여 청사까지 간다.

리모트 주기장에서 하기하는 모습 : 램프 버스를 이용하여 청사까지 이동한다.

국내선 공항은 국제선 공항에 비해 좁은 경우가 많아 GATE(게이트)가 아닌 버스를 이용해야 하는 계류장에 주기하는 경우가 있어 하기가 지연되는 경우가 있다. 이런 경우에는 하기 안내방송을 실시하여야 한다.

국내선의 하기 절차는 아래와 같으며 준수할 수 있도록 노력해야 한다.

VIP ➡ 비즈니스 클래스 승객 ➡ UM(성인비동반 소아) ➡ 일반석 승객 ➡ 제한승객(휠체어 승객, 장애인 승객 등) ➡ 스트렛처 환자

특히 UM승객, FAMILY CARE승객, 휠체어 승객, 응급환자는 지상직원에게 인계하여야 한다.

리모트 주기 후 스텝카를 이용하여 하기시 안내방송문

손님 여러분 오랫동안 기다리셨습니다. 지금부터 앞쪽 첫 번째 문을 이용해 내려주시기 바랍니다.
내리실 때는 잊으신 물건이 없는지 다시 한 번 살펴 주십시오.
또한 계단을 내려 가실 때는 손잡이를 잡고 천천히 이동해 주시기 바랍니다.
감사합니다. 안녕히 가십시오.

Thank you for waiting ladies and gentlemen.
You may now exit the aircraft by using the front door on the left.
Please check again that you have your personal belongings with you before you deplane.
We kindly ask you to hold the hand rail when you go down the stairs.

7. 국내선 승객 하기 후 관리

(1) 승객 하기 후 객실 점검

국내선 승객의 하기 완료 후 객실승무원은 객실 및 화장실 잔류승객을 파악해야 하고 승객 유실물 최종 점검을 해야 한다. 객실 점검 중 유실물을 발견하면 객실사무장/캐빈매니저 에게 보고하고 도착장 지상직원에게 최대한 빨리 인계될 수 있도록 한

승객 완전 하기 후 객실 점검하는 저자

다. 특히 심야시간에 운항되는 편수에서는 승객 하기 후 승무원의 조속한 귀가욕구 때문에 유실물 점검이 이루어지지 않는 경우가 발생하지 않도록 유의해야 한다.

유실물 발견 후 처리하는 저자

(2) 물품 반납

국내선 비행기를 이용하여 운송한 SHIP POUCH 및 기내 접수서류, 쿠폰, 화물 및 국내선 기내에서 주문한 e-Skyshop 관련서류는 도착 전 객실사무장/캐

빈매니저에게 받은 내역 및 물품을 보고하여야 하며 승객 하기 후 도착장 해당 항공사 사무실이나 담당 지상직원에게 신속히 인계하고 종류, 개수를 기록한 후 서명한다. 종종 서류를 분실하거나 반납하지 않고 귀가하여 승객의 불만을 초래하는 경우가 발생하기도 한다.

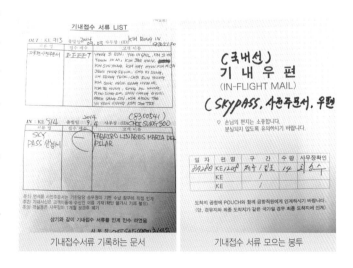

기내접수서류 기록하는 문서　　　기내접수 서류 모으는 봉투

(3) 디브리핑(DE-BRIEFING)

목적지 국내 공항에 도착해 디브리핑하는 모습. 기내 업무가 잘 되면 좋은 분위기이지만 그렇지 못하면 아주 심각한 분위기로 발전한다.

비행 후 디브리핑하는 저자

국내선 비행 종료 후 객실승무원은 객실사무장/캐빈매니저 주관하에 항공기 Ship side나 기내에서 디브리핑을 실시한다. 내용은 아래와 같다.

- 추가 접수된 고객서류 유무 확인
- 승객 유실물 현황
- 승객 불만 등 특이사항 발생관련 및 종결사항 확인
- 항공기 설비의 이상 유무
- 승객으로부터 접수한 서류 재확인
- 항공기 보안장비의 소지 유무

(4) 도착보고

국내선 비행 중 특이한 사항(항공기 지연 및 회항, 응급환자, 고객불만, 기내난동, 보안사항 위반, 국가안전점검 등)이 발생된 경우 비행 후 국내선 전담 사무실에 보고하고 회사 서식 보고서를 작성하며 객실사무장/캐빈매니저는 신입 및 인턴승무원 관련 각종 평가를 실시하여야 한다. 회사 내 또는 스카이팀, 스타얼라이언스 등 제휴 항공사에서 국내선에 관한 설문조사가 있었던 경우 취합하여 보고한다.

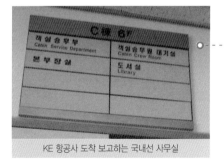

KE항공사의 국내선 사무실은 김포공항 대한항공 빌딩 내 6층에 있다. 이곳을 출입하기 위해서는 ID카드로 인식절차를 거쳐야 한다.

KE 항공사 도착 보고하는 국내선 사무실

국내공항의 특징과 탑승승객 성향

1. 김포국제공항 (Airport 3 LETTER CODE : GMP)

주소 : 서울특별시 강서구 하늘길 100(공항동)

공항명	김포국제공항		
승객용 공항 라운지	김포공항 청사 3층 내 위치		
탑승교/탑승구	항공사	탑승교(Bridge)	탑승구(Remote)
	KE	#1, #3, #5, #7, #9, #12 (OZ와 공용)	#4, #6, #8
	진에어	#1 (KE 와 공용)	#4, #6 (KE와 공용)
	OZ	#14, #15, #17, #12 (KE와 공용)	#13, #16
	에어부산	#17 (OZ, 제주 공용)	#18 (OZ와 공용)
	제주항공	#17 (OZ, 에어 공용)	#11
	기타 LCC	없음	#2

* 항공기 Remote Parking시 9번 탑승교 옆 엘리베이터 이용, 지상으로 가서 램프버스 탑승 후 이동함

하기시 청사 이동	• 탑승교 : 도보로 이동 • Remote Parking : Ramp Bus로 이동
기상관련 비정상 운항	하계 : 태풍, 동계 : 폭설, 봄/가을 : 안개 ※ 객실사무장/캐빈매니저는 항공기 Door Open시 휴대폰을 "On"시켜 승무원 비행 스케줄 변경시 즉시 연락 및 수신 가능하도록 해야 함
SVC Item Order	모든 항공사의 국내선 모기지이므로 서비스용품 종류별 주문 가능함
탑승승객 분포	• 부산, 울산, 포항(상용 고객), 제주(여행객, 가족단위) • 봄/가을 : 수학여행 단체 많음(학생) 특히 수학여행 학생 주변 승객들의 불만 발생
신문 선호도	스포츠 신문 및 3대 일간지 선호도 높음
기내 담요	여름철 제주편 가벼운 복장의 여자승객들이 탑승 후, 비행 중 에어컨으로 인해 담요 요구 많음

2. 부산 김해국제공항(Airport 3 LETTER CODE : PUS)

주소 : 부산시 강서구 공항진입로 108

공항명	부산 김해 국제공항
승객용 공항 라운지	국내선 청사 2층 (국제선 청사 2층, VIP 라운지 3층)
탑승구	• 국내선 청사 탑승구 6개 - 탑승교 : 11, 15, 16 / Remote : 12, 13, 14 - KE사용 : 11, 14, 16 / KE/OZ 공동사용 : 15 • A/C Remote Parking시 Ramp Bus로 이동 (단, 13번 Spot은 도보로 이동) • 국제선 청사 탑승구 8개를 다른 항공사와 함께 사용 - 탑승교 : G1, G4, G5, G8 / Remote : G2, G3, G6, G7
하기시 청사 이동	탑승교, Ramp Bus - 13번 Spot : 국내선 출/도착시 도보로 이동 국제선 출/도착시 Ramp Bus로 이동
기상관련 비정상 운항	• 춘계(3~5월 중) 안개 및 저시정 • 비가 오면서 구름이 낮을 때, 바람이 남에서 북쪽으로 불 때 비행기가 서클링 착륙하므로 결항 빈발
SVC Item Order 여부	모든 서비스용품, 음료수 종류별 주문 가능함
조조편 빵 서비스	• GMP(08:00 이전 출발편)는 Muffin 탑재 • PUS(08:30 이전 출발편)은 1주일 단위로 Muffin 또는 Danish Roll 변경 탑재(탑재량 : 탑승객의 85%)
국내/국제선 청사 간 순환버스	• 07:00~19:00(10분 간격) : 국내선에서 05, 15, 25, 35, 45, 55분 출발 국제선에서 03, 13, 23, 33, 43, 53분 출발 • 19:00~20:40(20분 간격) : 국내선에서 05, 25, 45분 출발 국제선에서 03, 23, 43분 출발

"시티 가이드북" 서비스 실시	명칭 : One Fine Day in BUSAN(영문 접이식 가이드북, 24 Page) • 내용 : 도시여행정보 　　　(유용한 Tip/호텔/레스토랑/쇼핑/관광정보/추천코스 등) • 대상 : 상위 클래스 이용 외국인 승객 • 탑재 : 편당 5부(위치 : 상위 클래스 소모품 박스 내) 시점 : 이륙 후 음료 서비스 준비 시점(Tray에 Setting하여 서비스) • 예문 : This is Korean Air's complimentary city brochure of 　　　Busan. For your convenience, Korean Air provides 　　　Busan city guide brochure.
탑승승객 분포	• 부산/서울(상용 고객), 부산/제주(여행객, 학생단체) • 부산/인천(2012. 3. 1. 국제선 연결 승객에 한해 국제선 청사 수속)
신문 선호도	스포츠 신문 및 3대 일간지/경제지 선호도 높음
기내 담요	담요 요구 승객 많음(비행 전 담요위치 필히 확인해야 함)
특이사항	상용고객이 많으므로 안전, 서비스에 대한 예리한 지적이 많아, 서 비스시 유의(특히, 정확한 기내방송 실시 요구됨) 비즈니스 관계로 출장가는 회사원이 많아 아침비행일수록 승객 숫 자가 많음. 국내선 고객불만 접수가 제일 많은 노선이므로 비행근무 시 정확한 업무규정과 준수가 필요함.

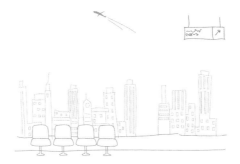

3. 제주국제공항(Airport 3 LETTER CODE : CJU)

주소 : 제주특별자치도 제주시 공항로 2

공항명	제주 국제공항
승객용 공항 라운지	청사 3층
탑승구	• 탑승구 11개 : 모든 항공사 공동 사용 • A/C Remote Parking시 Ramp Bus 이동
하기시 청사 이동	탑승교 및 Ramp Bus 이동
기상관련 비정상 운항	• 공항 상태 및 기상 양호로 비정상 상황 발생 빈도는 낮은 편이나 강풍으로 인한 결항가능성 많음. 　- 동계(12~2월 중) : 강풍, 하계(8~9월) : 태풍 • 이착륙시 승객/승무원 안전사고 예방 활동 필요
SVC Item Order	가능
특이사항	• 감귤주스 SVC : 제주 출/도착편 왕복분 2병 탑재, 전방 L Side Cart에 1병 Setting • 유소아 동반 승객이 많아 Cup Lid 및 Straw 충분량 준비 필요 • Remote 탑승시, 특히 동일 Gate 사용하여 버스로 이동하는 경우 승객 오탑승 발생하지 않도록 주의 • 국제선 도착시 입국심사 절차 준수 국내선/국제선 청사 동일 건물로 국제선 승무원이 간혹 국내선 도착장으로 입국하여 문제가 되는 사례 발생 • Deicing(겨울철 동체나 날개의 얼음과 눈 제거)은 3번 Gate에서만 가능
탑승승객 분포	• 주로 단체(학생/관광/중국인), 가족, 신혼여행객 • 단체인 경우 좌석중복 및 짐 Ca보관 관련 주의 요망 제주에서 귀경하는 비행편의 경우 주무시는 승객이 압도적임. 따라서 좀 더 정숙한 기내 업무가 요구됨.
기내 음료 선호도	학생 단체인 경우 콜라 Order 많음
기내 담요	여름철 가벼운 복장의 승객들 및 유/소아 동반 승객 담요 요청 많음

국내선 구간 중 부산 노선 다음으로 제주/김포 구간이 고객불만 발생 경우가 많음. 귀경하는 승객의 Care에 많은 관심이 필요함.

4. 광주공항(Airport 3 LETTER CODE : KWJ)

주소 : 광주광역시 광산구 상무대로 420-25

공항명	광주공항
탑승구	• 탑승구 5개 : 탑승교 2개 / Remote 3개 • KE G2, G3 사용
기타	군사공항으로 사진 촬영 금지
대중교통	• 일반버스(공항~도덕동) - 06:00~22:00 • 리무진버스(공항~무등산관광호텔) - 06:00~22:00 • 지하철 - 05:30~23:30
기상관련 비정상 운항	• 봄, 가을철(3~5월, 9~11월) : 안개 • 겨울철(12~2월) : 폭설
SVC Item Order	불가(공항 Area에서의 구입 또한 불가) - GMP, CJU 출발시 Spare분 Order 및 탑재 조치 필요
승무원 현지 숙박시 기내 음료수 냉장고 보관 여부	KE인 경우 보관 가능
특이사항	CJU/KWJ V.V.구간, 국내선 중 최단시간 FLT로 Tray Basis 서비스 실시
탑승승객 분포	• 광주/제주 : 수학여행단체, 신혼여행객, 일반 단체 • 광주/서울 : 상용승객
신문 선호도	스포츠 신문 및 3대 일간지 선호도 높음
기내 담요	담요 요구 승객 별로 많지 않음, 지역 신문 활용이 요구됨.

5. 대구국제공항(Airport 3 LETTER CODE : TAE)

주소 : 대구시 동구 공항로 221

공항명	대구국제공항
탑승구	탑승구 3개
승무원 식사	• 기내 도시락 취식 • 국제선의 경우 승객 Meal과 동일한 Crew Meal 탑재 • 비정상 운항시 공항 내 Airport 호텔 식사 가능
기타	• 주기장에서 활주로까지 이동거리가 짧아 방송 및 이륙 준비 서둘러야 함. • 군사공항으로 사진 촬영 금지
기상관련 비정상 운항	공항 상태 및 기상 양호로 IRRE 발생빈도 낮음
SVC Item Order	불가(단, 신문은 추가 탑재 가능)
승무원 현지 숙박시 기내 음료수 냉장고 보관 여부	보관 가능
탑승승객 분포	관광 Golf 단체 승객 많음
신문 선호도	• 스포츠 신문 및 3대 일간지 선호도 높음 • 지역 신문인 대구일보 탑재

6. 울산공항(Airport 3 LETTER CODE : USN)

주소 : 울산광역시 북구 산업로 1103

공항명	울산공항
탑승구	탑승교 및 탑승구 각 2개 : KE /OZ 각각 1개씩 전용
활주로	활주로가 짧아 종종 강한 착륙 발생
기상관련 비정상 운항	ILS 사용으로 IRRE 발생빈도 낮음
SVC Item Order	불가
승무원 현지 숙박시 기내 음료수 냉장고 보관 여부	보관 가능
탑승승객 분포	비즈니스 승객이 주로 탑승하는 노선이고 외국인 비중이 높으며 항공상식이 풍부한 승객이 많이 탑승한다.
신문 선호도	• 신문(경제지, 3대 일간지) 서비스의 비중이 높음. • USN 출발 첫 편에 한해 지역신문 탑재
기내 음료 선호도	음료보다 쉬는 것을 선호(방해받지 않는 것을 중시)

* 부산/제주 노선 다음으로 국내선 고객불만이 많이 접수되는 노선이며, 객실서비스 시 세련된 행동과 접객태도가 요구됨.

7. 청주국제공항(Airport 3 LETTER CODE : CJJ)

주소 : 충북 청주시 청원구 내수읍 오창대로 980

공항명	청주국제공항
승무원 식사	기내 도시락
기타	국제선 비행편은 CJJ 공항 1층 신한은행 환전소에서 Sales Money 수령(반드시 확인 요망)
기상관련 비정상 운항	봄/가을철 내륙지방으로 안개 발생빈도 높음
탑승승객 분포	수학여행, 신혼여행, Golf 등 단체승객 및 가족단위
신문 선호도	스포츠 신문 및 3대 일간지 선호도 높음

8. 군산공항(Airport 3 LETTER CODE : KUV)

주소 : 전북 군산시 옥서면 산동길 2

공항명	군산공항
탑승구	탑승구 1개
활주로	Taxing 시간이 짧은 편으로, 빠른 착륙준비 필요함
승무원 식사	기내도시락
기타	군사공항으로 사진 촬영 금지
기상관련 비정상 운항	• 동계 해무(안개) 발생 • 동계 De-Icing 장비 미확보로 Snow 예보시 결항조치
SVC Item Order	불가
승무원 현지 숙박시 음료수 냉장고 보관 여부	보관 불가
탑승승객 분포	수학여행, 계모임, 동호회, 시니어단체 등 단체승객 많음

9. 여수공항(Airport 3 LETTER CODE : RSU)

주소 : 전남 여수시 여순로 386

공항명	여수공항
승객용 공항 라운지	없음
탑승구	탑승교 4개, 탑승구 5개 운영
활주로	활주로가 짧아 Taxiing 시간 짧음
승무원 식사	기내도시락
기타	도시락 취식 후 남은 음식물은 다시 가져와야 함
기상관련 비정상 운항	• 동계 북서풍시 RWY35쪽에 Windshere 및 Turbulence 강함 • 신청사 이전 후 결항률 감소
SVC Item Order	불가
승무원 현지 숙박시 음료수 냉장고 보관 여부	보관 불가
특이사항	• 방송시 도시명은 "여수, 순천" / 공항명은 "여수공항"으로 할 것 • CJU/RSU V.V.구간 국내선 중 최단시간 FLT로 Tray Basis 서비스 실시
탑승승객 분포	상용 승객(여천 석유화학단지/광양 제철소/순천 산업단지 등) 다수 탑승하며 울산과 마찬가지로 항공상식이 비교적 풍부한 승객이 다수 탑승한다.
신문 선호도	3대 일간지 선호도 높은 편임. 공항 구내에서 여수명물 갓김치를 판매하여 승객과 승무원이 많이 이용하고 있음.

10. 진주사천공항(Airport 3 LETTER CODE : HIN)

주소 : 경남 사천시 사천읍 사천대로 1971

공항명	진주 사천 공항
탑승구	• 탑승구 2개로 KE/OZ 공동 사용 • A/C Remote Parking시 도보 이동
활주로	청사가 활주로 말단에 위치하여 24활주로 이용시 Taxing 10분 이상 소요
승무원 식사	기내 도시락
기타	• 군사공항으로 사진 촬영 금지 • 도시락 취식 후 남은 음식물은 다시 가져와야 함
기상관련 비정상 운항	안개 다발 지역
SVC ITEM ORDER	불가
승무원 현지 숙박시 음료수 냉장고 보관 여부	보관 불가
특이사항	방송시 도시명은 "진주, 사천" / 공항명은 "진주사천공항"으로 할 것
탑승승객 분포	일부 상용 고객 탑승

11. 포항공항(Airport 3 LETTER CODE : KPO)

주소 : 경북 포항시 남구 동해면 일월로 18

공항명	포항공항
승객용 공항 라운지	공항공사 VIP Room 운영
탑승구	• 탑승구 5개 운영 • 탑승교 2개(3/4번) 운영, 3번- KE 전용- • A/C Remote Parking시 도보 이동
하기시 청사 이동	탑승교 이용
승무원 식사	기내 도시락
기타	• 군사공항으로 사진 촬영 금지 • 도시락 취식 후 남은 음식물은 다시 가져와야 함
기상관련 비정상 운항	• 안개, 태풍, 폭설로 결항률이 가장 높은 공항 • 하계(7~9월) 강풍 동반한 우기에는 시계 확보의 어려움과 측풍 제한치의 영향으로 IRRE 빈발 • 상시 비상착륙 사태를 대비해야 함
SVC Item Order	불가
승무원 현지 숙박시 음료수 냉장고 보관 여부	보관 불가
탑승승객 분포	• 주변 업체 임직원 등 상용 고객, 대학교수, 군인(해병대) • 승객들은 대부분 조용하며 Order가 없는 편임
신문 선호도	3대 일간지 선호도 높은 편임

12. 무안국제공항(Airport 3 LETTER CODE : MWX)

주소 : 전남 무안군 망운면 공항로 970-260

공항명	무안국제공항
탑승구	탑승구 9개
승무원 식사	• 기내 도시락 • 비정상 운항시, 식권으로 청사 2층 레스토랑 식사 가능
기타	무안 → 광주 자가용 이용시 약 30분 소요
기상관련 비정상 운항	겨울철(12~2월) : 폭설
SVC Item Order	불가
승무원현지 숙박시 음료수 냉장고 보관 여부	보관 불가
탑승승객 분포	무안/제주 : 수학여행단체, 신혼여행객, 일반 단체
신문 선호도	스포츠 신문 및 3대 일간지 선호도 높음

13. 원주공항(Airport 3 LETTER CODE : WJU)

주소 : 강원도 횡성군 횡성읍 횡성로 38

공항명	원주공항
탑승구	탑승구 1개 - KE 전용
활주로	• 활주로 양쪽으로 산이 있어 이착륙시 주의 필요 • 출발시 활주로가 짧아 Demo 시연을 서둘러야 함 (Taxiing 시간 부족)
하기시 청사 이동	Ramp Bus 이용(공항청사와 계류장이 1.5km 거리)
승무원 식사	기내 도시락
기타	• 군사공항으로 사진 촬영 금지 • 비행장 주변이 상수원 보호지역으로 지정되어 있어 Deicing 작업이 불가능해 강설시 결항 확률 높음 • 원주공항은 블랙이글스의 상시 훈련으로 군전투기 이착륙이 잦음
기상관련 비정상 운항	12~2월 중 폭설로 인한 운항 IRRE 다발
SVC Item Order	불가
승무원 현지 숙박시 음료수 냉장고 보관 여부	보관 불가
탑승승객 분포	• 일, 월요일 : 신혼여행객, 주중 : 단체 승객 많음 • CJU/WJJ : 중국인 단체 승객이 급증 하고 있음
기내 음료 선호도	중국인 단체승객은 냉 녹차 선호

14. 양양(Airport 3 LETTER CODE : YNY)

주소 : 강원도 양양군 손양면 공항로 201

공항명	양양 국제공항
탑승구	• 탑승교 3개, 탑승구 1개 운영 • A/C Remote Parking : 없음
활주로	Taxing 시간이 짧음 (In : 5분 이내 / Out : 10분 이내)
하기시 청사 이동	탑승교 이용
승무원 식사	기내 도시락
기상관련 비정상 운항	봄철 강풍으로 인한 IRRE 다발
SVC Item Order	불가
승무원 현지 숙박 시 음료수 냉장고 보관 여부	보관 가능
탑승승객 분포	사업가나 군인, 중/노년층 승객이 많음. 2016년 최근 중국인 승객이 대폭 늘어났으며 평창동계올림픽 개최지와 가까워 거점공항으로 예상됨.

 국내선 Lay-Over시 유의사항

- 비행 출발 12시간 이내 음주 및 알코올 음료 섭취 금지해야 한다.
- 체재시 지정된 숙소 이외의 장소에서 허가 없이 숙박 금지한다.
- 객실사무장/캐빈매니저에게 보고 및 허가를 득한 후 외출한다.
  (객실사무장은 동승 국내선 승무원이 외출시 행선지, 연락처, 귀환시간 파악)
- 계속되는 근무를 위해 : Pick-up 12시간 전부터 휴식상태 유지한다.
- Hotel의 일반적 규칙을 준수하고, Room은 깨끗이 사용해야 한다.

긴 비행을 마치며...

31년 9개월의 긴 비행을 마치고 이제 후학에게 남겨줄 '항공기 객실 구조 및 비행안전', '기내 식음료 서비스 실무', 'NCS 항공 객실 서비스'를 마무리하였다.

마치 어려운 비행을 끝내고 집으로 귀가하는 심정이라 할까?

아무튼 지금까지 성원해주신 전국의 존경하는 여러 항공학과 교수님과 후학 여러분께 그리고 한올출판사 사장님과 어려운 환경에서도 원만한 편집을 담당하신 편집실/책 구성에 힘을 써주신 영업부에 다시 한 번 감사의 말씀을 드린다.

마지막으로 본 NCS 교재를 학습하며 항공운항/항공서비스를 전공하는 여러 후학 학생들의 학업에 큰 도움이 되었으면 하는 바람이 가득하고 모쪼록 원하는 항공사의 승무원, 지상직에 무난히 합격하여 본 교재로 학습한 내용의 덕을 피부로 느껴 보았으면 좋을 따름이다.

저자 : 최성수(halibut-fish@hanmail.net)

Cabin Crew Door Side Stand By!

Safety Check!!

야간비행을 마치고
필리핀 세부 숙소로 가는 저자

검색엔진 내 대한항공 견학 블로그

국토교통부 국토교통뉴스(www.news.airport.co.kr)

대한 심폐소생협회(www.kacpr.org)

대한항공 객실승무원 교범

대한항공 객실승무원 서비스 교범

대한항공 사무장/승무원 방송문 및 부록

대한항공 홈페이지

대한항공/아시아나/제주항공/진에어/이스타항공/T way/유스카이 항공 홈페이지

아시아나항공 홈페이지

위키백과 /위키 pedia /You tube

인천국제공항 홈페이지(www.airport.kr)

항공정보 포털 시스템(Air Portal)

Docs From 32 years Flight in Korean air

Knowledges From 32 years Flight in Korean air

Pictures From 32 years Flight in Korean air

www.airbus.com(에어버스사 홈페이지 for A320/330/380)

www.boeing.com(보잉항공사 홈페이지 for B737/777/747)

www.bombardier.com(봄바르디어 항공사 홈페이지 for CRJ-200/1000)

www.tsa.gov 미국교통안전청(Transpotation Security Administration) 홈페이지

객실 승무 관리

초판 1쇄 인쇄 2020년 2월 20일
초판 1쇄 발행 2020년 2월 25일

저   자 최 성 수
펴 낸 이 임 순 재
펴 낸 곳 (주)한올출판사
등   록 제11-403호
주   소 서울시 마포구 모래내로 83(성산동, 한올빌딩 3층)
전   화 (02)376- 4298(대표)
팩   스 (02)302-8073
홈 페 이 지 www.hanol.co.kr
e - 메 일 hanol@hanol.co.kr
I S B N 979-11-5685-862-1